Edmund Pfleiderer

Eudämonismus und Egoismus

eine Ehrenrettung des Wohlprinzips

Edmund Pfleiderer

Eudämonismus und Egoismus
eine Ehrenrettung des Wohlprinzips

ISBN/EAN: 9783743627994

Hergestellt in Europa, USA, Kanada, Australien, Japan

Cover: Foto ©ninafisch / pixelio.de

Weitere Bücher finden Sie auf **www.hansebooks.com**

EUDÄMONISMUS

UND

EGOISMUS,

eine Ehrenrettung des Wohlprinzips.

Von

Edmund Pfleiderer

in Tübingen.

Aus den Jahrbüchern für protestantische Theologie.

Leipzig
Verlag von Johann Ambrosius Barth.
1880.

Inhaltsübersicht.

Artikel I.

Einleitung.
Die übliche Amphibolie in dem Begriff des „Eudämonismus" ausser bei Kant. — Aufgabe seiner Klarstellung und Ehrenrettung als des materialen Wohlprinzips auch gegen Kant. ... 1

Systematische Orientirung.
1. Das Wollen als Wohl-Wollen; Relation des Werthbegriffs und der Lustempfindung. — Konsequenz für das Wohlstreben als ethisches Prinzip 7
2. Die Stufenreihe der Lebensgenussweisen nach der Differenz der Objekte. — Ihre ethische Gesammtverwerfung. — Die Differenz hinsichtlich der Subjekte; egoistisches und selbstloses Wohlsuchen 16
3. Uebereinstimmung mit Kant in der Verwerfung des Egoismus, Abweichung bei dem selbstlosen Wohlwollen . . . 25

Artikel II.

Prüfung der Kant'schen Bedenken.
1. Die kritisch-formalen Einwände: Die grundwahre Apriorität des ethischen Kerns wird durch das Wohlprinzip nicht alterirt 29
2. Die materialen oder psychologisch-metaphysischen Einwürfe:
   a) Der Empfindungscharakter des selbstlosen Wohlwollens oder der Liebe ist mit ihrer Anbefehlbarkeit als Pflicht gut vereinbar 42
   b) Die Liebe im falschen Verdacht des feinen Egoismus. — Abarten und Vorstufen derselben. — Vertheidigung der reinen Gestalt 48

Artikel III.
Beendigung der kritischen Auseinandersetzung mit Kant.
1. Scheinbar schliessliche Uebereinstimmung mit ihm; die Liebe des Wohlgefallens und diejenige des Wohlwollens. — Unbrauchbarkeit auch der letzteren in seiner Fassung. — Solipsistischer Zug der Geistesanschauung jener Zeit als letzter Grund seiner Abneigung gegen das Prinzip der Liebe. 62
2. Kritische Offensive: Nachweis von drohendem feinem Egoismus gerade bei Kants formalen Prinzipien 69

Systematische Hebung von Nebenbedenken gegen das Wohlprinzip.
1. Die Verwechselung mit dem Hedonismus. — Arbeit an fremder ethischer Vollkommenheit als Hauptaufgabe. — Beherrschung auch des Selbstvervollkommnungsstrebens vom selbstlosen Wohlwollen für Andere 83
2. Der Kampf gegen das Böse und das Strafrecht; Vergleichung unserer Anschauung mit dem modernen Humanitätsbegriff. — Das Wohlprinzip und die Wissenschaft. — Nochmals der moralische Ernst der Pflicht oder der sittlichen Disciplin, und die Liebe 91

Schluss.
Nebenbeweis für das Wohlprinzip aus der Sprache. — Hoher Werth des eudämonistischen Grundgedankens für das dringende Zeitbedürfniss einer dem Leben näheren Ethik. — Seine Tauglichkeit zur Kombination der Kantischen und Schleiermacherschen Leistungen in der philosophischen Moral 101

Wenn wir von der Bedeutung ausgehen, welche das Wort εὐδαιμονία seit seinem häufigeren Vorkommen im griechischen Sprachgebrauch ständig besitzt, so besagt es nichts Anderes, als Glückseligkeit oder Wohlbefinden. Eine Beschränkung auf diese oder jene Sphäre des empfindenden Lebens liegt nicht darin; wo keine nähere Bestimmung beigefügt ist, wird vielmehr in ganz unparteiischer Weise das höhere und niedere Wohl zugleich, oder das glückliche Gesammtbefinden gefühlsfähiger Wesen von dem Einen Namen umfasst. Demgemäss bedeutet nun auch Eudämonismus dem Worte nach zunächst lediglich nur so viel: Man legt als Anhänger desselben in seiner Lebenspraxis oder namentlich in der entsprechenden ethischen Theorie und Schule, auf was die Endsilbe —ismus hinweist, den Hauptaccent auf die Glückseligkeit oder mehr im Einzelnen auf die Gefühlsbefriedigung und Wohlempfindung, welche bei dem Einen und anderen Verhalten herauskommt oder wenigstens intendirt ist; denn es versteht sich für jede ethische Richtung, dass schon der ernstliche Wille vollgerechnet wird, und nicht der faktische Erfolg allein zählt. Dies vorausgesetzt wird hier stets in letzter Instanz gefragt, ob von dieser und jener Sache oder Gesinnung und Handlung eventuell auch etwas im Reflex der Empfindung mit ihrem Wohl- und Wehegefühl zu geniessen sei. Erst eine derartige Ab- und Ausprägung — beziehungsweise ihre Tendenz — betrachtet man auf diesem Standpunkt als ein Definitivum, während alles Andere immer nur als vorbereitendes Mittel und formale Zurüstung zur materialen Hauptsache gilt. Damit soll wiederum keineswegs eine Beschränkung etwa auf die niederen Gebiete der körperlichen Empfindungen ausgesprochen, sondern sämmtliches Gefühl von Lust und Unlust miteingeschlossen werden. Aber als punctum saliens und finale alles Geschehens und Thuns ist und bleibt mit dem positiven Gesammtausdruck die „Glückseligkeit" betont.

Fürs zweite ist es jedoch sattsam bekannt, dass Eudämonismus und Eudämonist in der neueren ethischen Terminologie allgemein als Tadelworte gebraucht werden und dass damit eine sittliche Anschauungsweise oder eine Praxis, auf welche man sie anwendet, zum Mindesten als schlaff und schwunglos niedrig bezeichnet werden sollen. In der That ist „eudämonistisch" das allerhäufigste Verdikt, in welchem die Kritik ethischer Systeme und einzelner Lehren ihre Missbilligung auszudrücken und eine definitive Verurtheilung derselben zu proklamiren pflegt.

Nehmen wir jetzt Beides zusammen, was zuerst über die klare Wortbedeutung und sodann über den schon lange geltenden Kurswerth des Terminus Eudämonismus gesagt worden ist! Es scheint sich daraus nichts Anderes zu ergeben, als dass die neuere Moralwissenschaft eine abgesagte Feindin des ganzen Standpunkts sei, welcher nur im schliesslichen Wohlbefinden und Glücklichsein empfindungsfähiger Wesen das endgültig Befriedigende sieht und ein letztes Ziel erreicht wissen will, mit Rücksicht auf was alles Andere bemessen und taxirt wird. Statt dessen werden also jene Tadler des Eudämonismus wahrscheinlich irgendwelche Gestaltungen und Verhältnisse als solche betonen, von dem, was dabei material herauskommt oder was irgend Jemand davon Gutes hat, völlig absehen und auf selbige Formalien das Hauptgewicht legen. Genau und vollständig trifft diess auf den grössten unter den neueren philosophischen Ethikern zu: ich meine natürlich Kant. Schon eine oberflächliche Bekanntschaft mit seiner Moral genügt, in ihm den geschworenen Feind des „Eudämonismus oder der Glückseligkeitslehre" zu finden. Er sieht darin das Hauptverderbniss der Ethik und bietet desshalb Allem auf, um jene Anschauungs- und Sinnesweise in jeder denkbaren Gestalt als geschlossenes System oder bei einzelnen Aeusserungen zu überwinden, sie aus allen Winkeln und Ecken zu vertreiben und ihr keinerlei Vorwand mehr zu lassen. „Die Unterscheidung der Glückseligkeitslehre von der Sittenlehre, in deren ersterer empirische Principien das ganze Fundament, von der zweiten aber auch nicht den mindesten Beisatz derselben ausmachen, ist nun in der Analytik der reinen praktischen Vernunft die erste und wichtigste ihr obliegende Beschäftigung, in der sie so pünktlich, ja wenn es auch hiesse peinlich, verfahren muss, als je der Geometer in seinem Geschäft" (Kant's Werke ed. Hartenstein IV, 208). Oder ein anderes Mal lesen wir: „Wenn dieser Unterschied nicht beachtet wird, wenn Eudämonie (das Glückseligkeitsprinzip) statt der Eleutheronomie (des Freiheitsprincips der inneren Gesetzgebung) zum Grundsatz aufgestellt wird, so ist die Folge davon Euthanasie der sanfte Tod) aller Moral" V, 201. Das Richtige ist nach ihm lediglich eine Erfüllung der Pflicht rein um der Pflicht willen. Ob dabei für irgend Jemand das Geringste herauskommt oder nicht, ob die Welt durch die Vollziehung des Guten glücklich oder unglücklich wird, darum handelt es sich schlechterdings nicht; ein jedes solche Schielen nach dem Erfolg wäre bereits die schlimmste Verunreinigung der wahrhaften Sittlichkeit und muss desshalb gänzlich fernegehalten werden.

Nun ist es freilich ebenso notorisch, dass Kant mit dieser Ansicht so ziemlich von jeher allein steht und zumal in unserer Zeit kaum mehr ein Verständniss, geschweige denn ernstliche Anerkennung dafür findet. Man wirft ihm einen abstrakten und lebensfremden Rigorismus vor, beschuldigt seine Theorie der kalten Herzlosigkeit und erklärt einen derartigen durchgeführten Formalismus des Praktischen für etwas schlechterdings Unbrauchbares, das sich wohl eine Weile stattlich und erhaben ausnehmen möge, aber beim Lichte besehen dennoch an einer unerträglichen inneren Hohlheit und Leerheit leide. Daneben fährt man indessen nichtsdestoweniger fort, den Namen „Eudämonismus" kaum weniger wie Kant selbst als geringschätzendes Tadelwort zu gebrauchen. Was bei ihm, ob nun sachlich richtig oder unrichtig, jedenfalls ganz konsequent und aus Einem resoluten Gusse ist, das präsentirt sich somit wenigstens beim ersten Anblick in allen ausserkantischen Kreisen als eine seltsame Unklarheit. Sind dieselben doch in Einem Athem die entschiedenen Gegner des Kant'schen Formalismus und Anti-Eudämonismus einerseits, und des Eudämonismus oder materialen Wohlprinzips andererseits. Wenn ihnen Keines von Beiden recht ist, was wollen sie denn dann, oder worin sehen sie das logisch kaum mögliche Dritte, welches weder formal noch material wäre? Hier liegt zum Mindesten eine grosse Ungenauigkeit der Redeweise und Terminologie vor. Worte aber und Begriffe oder Gedanken stehen in naher Wechselwirkung; also darf man annehmen, dass auch in den letzteren eine ziemliche Unklarheit und Konfusion mitunterläuft, oder dass wenigstens durch die verunglückte Ausdrucksform eine sachliche Klärung aufgehalten und erschwert wird.

Was sich nun vor allem Weiteren nach den Lehren der angewandten Logik vermuthen lässt, ist diess: Sicherlich steckt in dem fraglichen Terminus „Eudämonismus" eine bedenkliche Amphibolie, indem derselbe unmöglich im gleichen Sinn verworfen und nicht verworfen werden kann. Sehr unwahrscheinlich ist es, dass es sich dabei nur etwa um graduelle Unterschiede handle, wobei ein niederer Grad desselben Billigung fände, während der höhere vom Tadel getroffen würde. Vielmehr wird die

Differenz specifischer angesetzt werden müssen. Abgesehen von Kant, wird man wohl das Glückseligkeitsprincip des Eudämonismus im Allgemeinen, wie er sich in der vorangestellten Wortbedeutung präsentirte, für ganz richtig und ethisch brauchbar, ja sogar für nothwendig erachten, um in kein leeres Formenwesen hineinzugerathen. Nur unter gewissen näheren Umständen dagegen oder unter einer bestimmten Bedingung wird er dem Tadel verfallen. Aber diese Zusatzbedingung wird gerade für den Tadel die Hauptsache sein und keineswegs nur einen nebensächlichen Gedanken, sondern just das punctum saliens bilden. Mit anderen Worten wird das genus am Begriff des Eudämonismus völlig tadellos und verbunden mit der richtigen differentia specifica sogar höchst werthvoll sein, während nur diejenige differentia specifica der Verwerfung unterliegt, welche man usuell dazu denkt, ohne sie mitauszudrücken. Man wird also mit dem Worte „Eudämonismus," wenn man es immer tadelnd braucht, etwas ganz Anderes meinen, als dasselbe von sich aus besagt. Und dies ist bei einer ethischen Kardinalfrage nicht eben so völlig unerheblich. Vielmehr dürfte es sich in Anbetracht des reichen Wortvorraths aller Sprachen ziemen, nach erreichter Gedankenklarheit auch das Kind fortan beim rechten Namen zu nennen und nicht in genauer sprachlicher Anlehnung, aber starker sachlicher Abweichung von Kant ein traditionelles Quid pro quo fortzuführen, das zwar zunächst nur philologisch ist, aber wie gesagt nicht ohne Einfluss auch aufs Logische und Begriffliche bleiben kann. Durch die jetzige Zusammenkoppelung des Tadellosen und des Tadelswürdigen in einem Terminus, welcher jenes nennt und dieses meint, wird nothwendig ob auch ohne Absicht das Erstere unschuldig diskreditirt und das Letztere unverdient entlastet, also eine schwere ethische Begriffsverwirrung unterhalten, deren auch ich mich bisher schuldig bekenne.

Anders wird die Sache bei Kant selbst liegen, welcher sogar wo er irrte, sich jedenfalls durch Klarheit und Ganzheit seiner Ueberzeugung auszeichnet. Indem er jenen rigorosen Formalismus für das allein Richtige erklärt, will er nichts wissen von der obigen Unterscheidung zwischen einem generellen Sinn des Eudämonismus, welcher unter sonst allgemeiner Zustimmung eben nur überhaupt ein Materiales verlangt, und jener differentia specifica, mit welcher nach gewöhnlicher Ansicht erst der Tadel beginnt. Oder wird er vielmehr zwar die Unterscheidung als solche logisch zugestehen, aber ethisch keinen weiteren Werth auf sie legen, indem er behauptet, dass jenes genus allezeit und eo ipso mit der **bedenklichen** differentia specifica verbunden sei und keine andere von unbedenklicher oder werthvoller Art zulasse. Das materiale Princip der „Glückseligkeit oder Eudämonie" als solches scheint ihm nach vorübergehender logischer Unterscheidung schliesslich doch im sittlichen Thatbestand mit demjenigen rettungslos zusammenzufallen, was er selbst mit grösster Energie **ausdrücklich** bekämpft und was auch Andere bei dem tadelnden Gebrauch des Wortes Eudämonismus subintelligirend **meinen**.

Auf Grund dieser Vorbemerkungen dürfte es denn doch nicht, wie wohl Manche glauben, eine leere Spitzfindigkeit oder Wortklauberei sein, wenn wir uns an eine sichtende Klärung des verfehmten Terminus und Begriffs „Eudämonismus" wagen. In der ächten Philosophie überhaupt, welche ich allerdings von der gegenwärtig landläufigen sehr unterscheide, und speciell in ethischen Untersuchungen kann man mit Worten und Begriffen nicht streng und genau genug verfahren, wie der alte Kant mit so grossem Rechte immerwährend betont. Ihre Schwierigkeit und unvermeidliche Subtilität für Haarspalterei oder gar für windigen Schwindel und Begriffsspielerei auszugeben, bewiese nur laienhafte Unkenntniss des ganzen Gegenstands, und kann somit vor Sachverständigen nicht das Mindeste besagen.

Es handelt sich uns also zunächst darum, die traditionelle Amphibolie in dem fraglichen Begriff des „Eudämonismus" scharf bloszulegen und das Harmlose, eventuell sogar Werthvolle desselben von dem tadelnden Neben-

respektive Hauptbegriff kritisch zu sondern, welcher sich ihm so hartnäckig an die Fersen hängt. Wenn dies meistens eine unbewusste oder wenigstens eine recht unklare Verwechselung ist, gegen die wir sachlichsystematisch kämpfen, so wird sich damit fürs Andere in mehr historischer Kritik gegenüber von dem grossen Ethiker Kant der Nachweis verbinden, dass seine bewusste und absichtliche Gleichsetzung der beiden in Rede stehenden Momente unhaltbar ist. Diese negativ-kritische Untersuchung wird ;von selbst in das Positive verlaufen, dass sie unter Abweisung des mit Recht getadelten, aber keineswegs unvermeidlichen Nebenbegriffs die ethisch richtige nähere Bestimmung des eudämonistischen Princips aufzeigt und dadurch den vollbefriedigenden Herzpunkt der Moral gewinnt.

Sollte uns dies gelingen, so würden wir glauben, zur Lösung einer ethischen Lebens- und Principienfrage keinen ganz werthlosen Beitrag geliefert zu haben, um später auf dieser Basis an die sehr zeitgemässe Leistung einer ausgeführten philosophischen Ethik für unsere Tage und Bedürfnisse zu gehen.

Um Klarheit zu gewinnen, müssen wir uns in Kürze dem schwierigen Grundbegriff des praktischen Lebens zuwenden. Auch Kant betont ihn stets mit Recht als den Brennpunkt der ethischen Betrachtung und einer jeden sittlichen Taxation, indem er denselben durch eine Fülle der feinsten und schärfsten Bemerkungen werthvoll erläutert, selbst wenn man schliesslich von ihm abweichen muss. Was ist nämlich das Wesen alles Wollens, wo wir es anders vollständig auffassen? Natürlich kann es sich weder hier noch sonst um eine förmliche Definition des Willens handeln. Denn dies ist im streng logischen Sinn bei derartigen Urthatsachen überhaupt unthunlich, welche sich schliesslich blos erleben lassen und damit in unmittelbarer Gewissheit besessen werden. Bei ihnen bleibt nur die Möglichkeit übrig, sie gegen andere coordinirte Momente abzugrenzen, in reinlicher Sonderung zu beschreiben und namentlich gewisse hervorstechende Seiten oder Eigenthümlichkeiten an ihnen zu markiren. Versuchen wir nun Letzteres in unserem Fall und alsbald mit Rücksicht auf den vorliegenden Zweck zu thun.

Unverkennbar gehört zu allem Wollen seiner Natur nach fürs erste im allgemein logischen Sinn dieses Worts ein Objekt, auf das es sich in jener eigenartigen Spannung des Geistes bezieht, welche wir eben Wollen heissen und von Haus aus kennen. Und zwar ist diese Beziehung analog der Anziehung und Abstossung in der materiellen Welt entweder eine positive, praktisch bejahende, oder eine negative, welche sich gegen dieses oder jenes Objekt praktisch verneinend richtet. Es versteht sich, dass die letztere mit der Nichtbeziehung oder dem völligen Ruhen der Willensaktion keineswegs identisch ist. Dagegen ist eine Species von ihr die willensmässige Unterlassung des Wollens oder das absichtliche Nichtwollen. Bei diesem fällt naturgemäss das fortsetzende Heraustreten als That weg, und der Prozess bleibt im Innern beschlossen. Sonst aber ist es gleichfalls ein ganz richtiger und in sich kompleter Wille, wenn auch ein negativer oder sich selbst konträrer. Ich möchte diess gelegentlich gegenüber von Schopenhauer's Ungenauigkeit und Amphibolie in seinem Begriff des schliesslich erlösenden Nichtwollens bemerkt haben, wie es auch auf das juristische Problem des Unterlassungsdelikts einige Anwendung findet.

Wenn das Objekt des Willens bildlich ausgedrückt als Zielpunkt nach vorne liegt, so erfordert fürs Zweite jedes nennenswerthe Wollen sozusagen nach rückwärts ein Motiv oder einen Beweggrund. Das, was ich will, muss der Genauigkeit halber zunächst davon unterschieden werden, warum ich dasselbe will. Im gewöhnlichen Sprachgebrauch pflegt man promiscue das Eine und das Andere den Zweck des Willens oder wenigstens des Handelns zu nennen, ja sogar dem zuerstgenannten Zielpunkt die überwiegende Beachtung schenken. Diess ist jedoch begrifflich betrachtet nicht ganz korrekt. Denn offenbar ist der Beweggrund das wichtigere von beiden Momenten, für welches man streng genommen den Namen „Zweck" allein reserviren sollte, während der Zielpunkt oder das Objekt eigentlich blos den Rang eines dienenden Mittels hiefür hat. Oder sollte man wenigstens die Unterscheidung des objektiv-äusseren und des subjektiv-inneren, des entfernteren und des näheren Zweckes machen. Freilich kann es auch geschehen, dass Beide zusammenfallen. In dem „Was", das ich will, liegt dann zugleich das „Warum" meines Wollens, oder ich beziehe mich in diesem Fall auf ein Mittel, das zugleich der Zweck, also Selbstzweck ist.

Wenden wir uns nach diesen mehr formalen Präliminarbemerkungen dem Materialen zu, so präsentiren sich alsbald Wohl und Wehe, oder nach dem korrelaten Empfindungsreflex genauer ausgedrückt Lust und Unlust als dasjenige, um was sich alles Wollen seinem Wesen nach jederzeit dreht. Entsprechend den obigen Unterscheidungen kann Wohl das Objekt des Willens bilden, ob nun dasselbe direkt oder durch Wegschaffung von Wehe hergestellt wird; hiezu denken wir uns fürs Andere Wohl oder Lust auch als das Motiv des Willens, wobei wiederum zunächst dahingestellt bleibt, ob diese beiden „Wohl" zweierlei sind oder zusammenfallen. Nun kann es aber auch geschehen, dass Schaffung von Unlust und Wehe das Objekt des Willens bezeichnet. Wie wird es sich in diesem Falle mit dem Motiv verhalten? Können wir dasselbe gleichfalls in Unlust und Wehe erblicken? Ganz einfach macht sich die Verneinung dieser Frage, wo z. B. eine schmerzhafte Operation oder sonst eine schmerzende Behandlung um der physischen oder geistigen Besserung willen, also deutlich in wohlmeinender Absicht oder des Wohls halber ausgeführt wird. Schwieriger sind andere Fälle. Nehmen wir einen bösartigen Menschen, so thut er einem Andern wehe, um ihm wehe zu thun; also scheint hier Weheschaffung Selbstzweck und Motiv zu sein. Allein er thut es doch genau betrachtet nur, um sich selbst am fremden Schmerz zu weiden oder sich den Anblick fremden Wohlseins wegzuschaffen, welcher ihm selbst Neid erregt, also Schmerz macht; folglich ist auch hier eine ob auch noch so verwerfliche Lust das letzte Motiv des Wollens und Handelns. Oder es bringe sich Einer selbst um und thue sich damit das grösste natürliche „Leid" an, wie schon die Sprache den Selbstmord bezeichnet. Warum thut es der Mensch? Weil ihm das Leben entleidet ist, weil ihn dieses oder jenes Weh überwältigt; also hätten wir wiederum scheinbar Weheschaffung mit dem Motiv von Wehe und Schmerz. Indessen ist auch hier die Annahme des Wehs als Beweggrund irrig; vielmehr muss in diesem Fall zur Vermeidung aller Amphibolie das Wehe oder der Schmerz nur als treibende Ursache des Selbstmords bezeichnet werden, während der treibende Zweck das Gegentheil ist. Der Unglückliche will Ruhe haben; er will durch seine That dahin kommen, wo es ihm „wohl" ist, wie man von den Todten sagt; er will sich einer unerträglichen Last entledigen, also Wehe wegschaffen.

Und so finden wir, wie weit wir immer blicken, dass Wehe oder Unlust niemals als wahres Motiv vorkommt. Ja, es ist dies sogar auch abgesehen von der klar sprechenden Erfahrung etwas innerlich ganz Undenkbares. Der positive, wie der negative Wille sind die eigentlichsten Lebensäusserungen. Lust ist erhöhtes Lebensgefühl, wie Unlust ein relatives Todesgefühl. Nun kann der Wille unmöglich in letzter Instanz so sehr von sich selbst abfallen, dass er definitiv das reine Gegentheil seiner selbst oder des Lebens will. Ein solcher absoluter Nihilismus ist gleichermaassen ein praktischer Ungedanke, wie es das absolute Nichts theoretisch ist. Ein Wollen und Handeln mit dem endgültigen Zweck, Wehe und nur Wehe zum letzten Erfolg zu haben, wäre hiernach komplet verrückt oder satanisch, was schliesslich auf Eins herauskommt; somit kann es für die Betrachtung des natürlichen und normalen menschlichen Willens gänzlich abgewiesen werden.

Dabei mag in concreto die allergrösste Täuschung über dasjenige stattfinden, was denn wirklich Wohl und Wehe bringe; ebenso kann unter Umständen auch die stärkste Irrung über den richtigen Ort mitunterlaufen, auf welchen das gesuchte Wohl zu dirigiren sei. Diess Alles besagt gegen die Hauptsache nichts, dass in abstracto und im Wesen des Willens, ob so oder anders, ob wahr oder falsch, ob für sich oder für Andere dennoch stets Wohl überhaupt erstrebt wird. Somit ergibt sich für die Hauptsache oder für das Motiv und den innersten Kern des Willens das Resultat, dass er geradezu mit Wohl-Wollen identisch ist. Und zwar hängt ihm diess so unabtrennbar oder substantiell an, dass unter keinen Umständen davon mehr abstrahirt werden kann, als wäre es etwas nur Accidenzielles. Thäte man dies, so behielte man gar keinen wirklichen Willen übrig, sondern höchstens eine irrationale seelische Expansion ins Blaue hinaus.

Dasselbe lässt sich auch in etwas anderer Wendung zeigen, indem wir sozusagen den Standort der Betrachtung draussen nehmen. Alles Wollen geht auf ein wirklich oder vermeintlich Werthvolles. Was heisst nun „Werth"? Offenbar ist diess durch und durch ein Relationsbegriff. Nehmen wir einmal das einfache Sein, was es auch enthalten möge, und fassen es rein für sich oder ausser aller und jeder Relation. Ist es in diesem Fall nicht vollkommen gleichgültig, ob etwas Derartiges ist oder nicht ist; muss nicht mit anderen Worten ein solches schlechthin relationsloses Sein als das völlig Werthlose bezeichnet werden? Werth und Bedeutung beginnt es erst durch die fundamentale Relation des Gewusstwerdens zu erhalten, indem es also für ein irgendwie auffassendes Subjekt da ist. Letzteres kann gegenüber dem fraglichen Objekt ein getrenntes Dasein haben, oder auch nur als Selbstempfindungsvermögen eine andere Seite an dem Gegenstand der Werthbestimmung selber bilden, der alsdann objectiv-subjectiv zugleich zu denken wäre. Ebenso kann der theoretische Reflex vom dumpfesten Auffassen bis zur hellsten Erkenntniss variiren, wenn nur überhaupt irgend eine theoretische Reflexion oder Relation stattfindet. Insofern ist das vulgäre Sprüchwort ganz treffend: „Was ich nicht weiss, das macht mir nicht heiss." Wir dürfen blos dieses „ich", sowie das „Nichtwissen" im strengsten und umfassendsten Sinne nehmen und den Fall setzen, dass in alle Ewigkeit weder direkt noch indirekt irgend ein Wissen die geringste Kunde von jenem Etwas erhalte; alsdann ist es vollkommen einleuchtend, dass alle und jede Bedeutung desselben hinfällig wird.

Allein auch das Bisherige genügt noch nicht. Erlauben wir uns für einen Augenblick die Hypothese, dass die zuerst erwogene Bewusstseinsrelation eine absolut kalte und lediglich theoretische wäre oder eine blos wissende Spiegelung ergäbe, wodurch das einfach Seiende nur eben noch einmal als Reflex dastünde. Schopenhauer braucht gelegentlich für diese leid- und freudlose pure Theorie das hübsche Bild der geflügelten Engelsköpfe in der christlichen Kunst. Hätten wir nun durch eine derartige wissende Relation schon den Begriff eines Werths erreicht? Scheinbar wohl, sofern wir von Anfang an gewohnt sind, alles unser Wissen thatsächlich nicht als jenes freud- und leidlose kalte Spiegeln zu üben und zu besitzen; sondern wir verbinden mit ihm unabtrennbar das Nebenmoment irgend eines warmen Reflexes in der niederen oder höheren Empfindung. Also hängt der wahre Begriff des Werths deutlich an dem Letzteren. Die Empfindung oder besser das Gefühl als Reflex zweiten Grades ist erst der definitive Ort, wo überhaupt Werthe geprägt werden. Ausserhalb desselben gibt es gar nichts Derartiges; wir können uns darüber blos desshalb täuschen, weil wir immer wenigstens stillschweigend ein irgendwie geniessendes Subjekt hinzudenken, und wäre am Ende bloss Gott der alleinige Zuschauer, welcher empfindend von diesem oder jenem „Werthvollen" etwas hätte.

Nun redet man aber doch so oft und mit so ernsten, also jedenfalls beachtenswerthen Worten von „absolut" Werthvollem oder vom „Werth-an-sich", den etwas habe, während wir den Werth von Anfang an als Relationsbegriff bestimmten. Die Schwierigkeit lässt sich durch eine klare Unterscheidung lösen. Immerhin mag es Solches geben, was nicht erst als Mittel für andere Objekte Bedeutung besitzt, sondern unter den Objekten einen Selbstzweck darstellt. Ebenso kann Etwas nicht blos für diese und jene besondere Situation eines Subjekts oder für die Eine und Andere specifische Organisation der Subjekte von Einfluss sein, sondern schlechthin für alle, in jeder Zeit und in jeder Lage seine Bedeutung haben. Derartiges würde auch ich werthvoll „an sich" nennen oder ihm „absoluten" Werth beilegen, sofern es denselben losgelöst und unabhängig von allen zufälligen und wechselnden Relationen besitzt. Um Missverständnisse in diesen diffizilen Fragen zu verhüten, bemerke ich ausdrücklich, dass ich zu den ablösbaren Relationen auch den Befriedigungsreflex in dem fremden Beurtheiler z. B. einer sittlichen Handlung rechne. Durch eine solche Befriedigung zweiten Grads erhält dieselbe allerdings ihren Werth nicht, sondern sie hat ihn in sich, und er wird von jenem Beurtheiler nur gefunden. Sie hat ihn aber trotzdem nur in sich, wenn sie irgend Jemand zu gut kommt, resp. darauf ausgeht, das zu thun. Und diese letztere Relation darf ihr nicht benommen werden. Somit bleibt keinem einzigen „Werthvollen" die Eine Generalrelation erspart, dass es überhaupt zu empfindenden Subjekten in Beziehung stehe und von ihnen, wie, wo und wann nun irgend genossen werde. Man streiche nur einmal ganz ausnahmslos alles Vermögen des Wissens und noch mehr des empfindenden Gefühls, man streiche es im Himmel und auf Erden. Alsdann mag die Welt in aller Pracht und Herrlichkeit fortbestehen; ja sie sei sogar zehnmal schöner und besser, als sie wirklich ist. Was hat all der Pomp noch für einen Werth? Gar keinen! Es wäre alsdann völlig ebensogut, wenn man auch sie vollends mit auslöschte; denn sie ist schlechterdings werth- und bedeutungslos geworden. „Mit dem ersten sehenden Auge, das sich aufschlug, stand die Welt da; mit dem letzten Auge, welches bricht, ist sie spurlos verschwunden." In diesen

Sätzen Schopenhauers liegt etwas vollkommen Wahres, sobald man sie von ihrer subjektiv-idealistischen Uebertreibung reinigt und nicht auf die Welt des Seins, sondern mit dem Einsatz des empfindenden Herzens auf diejenige des Werths bezieht (cf. besonders die trefflichen Ausführungen Lotze's im „Mikrokosmus", an dessen ethische Grundgedanken sich unsere Darlegung am nächsten anschliesst). Die beiden bisherigen Erwägungen des Wollens und des Werthbegriffs führen zum gleichen Resultat: Wohl und Wehe sind überall das wahrhaft letzte $τέλος$, über welches es ebenso unmöglich, als unnöthig ist, mit einem teleologischen Warum noch hinauszufragen. Um ein ganz vulgäres und ethisch noch indifferentes Beispiel zu brauchen, so interpellire ich etwa einen Menschen mit den Worten: Warum thust du das? Er antwortet mir: Um gesund zu bleiben. Warum willst du gesund bleiben? Weil das angenehmer ist. Warum willst du das Angenehmere? Seltsame Frage, die keiner Antwort mehr gewürdigt wird! Hier findet also ein selbstverständliches und vollbefriedigendes Haltmachen statt, während vor diesem Endpunkt immer noch die Schlussfrage des cui bono? restirt oder der Satz vom zureichenden Grund im Praktischen noch keine Befriedigung gefunden hat.

Es scheint mir von dem Pessimismus insbesondere bei Hartmann vollkommen richtig, dass auch er Lust und Leid für das einzige Definitivum in der Welt erklärt, über welches man nicht mehr hinausgehen könne. Alles Andere sei im Grund genommen nur vorbereitende Veranstaltung und Mittel für den höhern Zweck, während erst jene Momente das Subjekt im Innersten packen. Wenn man dem Pessimismus desswegen verwerflichen Eudämonismus Schuld zu geben pflegt, so ist dies genau das Missverständniss, gegen welches unsere ganze vorliegende Untersuchung kämpft. Ein besserer Einwand gegen ihn wäre freilich der, mit welchem Recht er denn Lust und Unlust in das unbewusste, also nichtfühlende Absolute selbst hineinfallen lasse.

Vermeiden wir indessen an diesem Ort eine derartige kritische Abschweifung und sehen lieber zu, was wir durch die bisherigen Erwägungen zur Lösung unserer eigenen Aufgabe gewonnen haben. Im Grund genommen liegt bereits die prinzipielle Entscheidung in unseren Händen. Alles Wollen als vernünftige Zweckthätigkeit oder jedes auf einen Werth gerichtete Streben und Handeln ist seiner unabtrennbaren Natur nach Wohlsuchen oder Glückstreben, somit eudämonistisch im ursprünglichen und generellen Sinn dieses Worts. Also stehen wir nun vor einem eigenthümlichen Dilemma und wollen zunächst dessen erstes Glied vornehmen: Wenn der Eudämonismus als Wohlprincip überhaupt verwerflich ist, so wird alles Wollen und zweckmässige Streben als solches durch diese Verdammung mitgetroffen, und die Konsequenz des extremsten ascetischen Quietismus ist unabweisbar. Eine gänzliche Unterlassung des Wollens oder mit dem bekannten Terminus „die Verneinung des Willens zum Leben" schiene alsdann das einzig Richtige. Wir stünden mitten im Pessimismus Schopenhauers, obwohl derselbe sein Verwerfungsurtheil weniger ethisch, als theoretisch fasst und alles Wollen in erster Linie für unvernünftig erklärt, sofern es gar kein wahres Wohl in der Welt gebe. Dürfen wir penibel sein, so lauert freilich der Eudämonismus als schlechthin unentrinnbarer Geist selbst hier im Hintergrund: Auch jenes Nichtwollen wäre natürlich Willensthat, wie ich bereits betonte. Warum aber wird sie geübt? Um Ruhe als das höchste Gut und einzige Glück zu finden, und wäre es auch nur im Nichts des ächten Nirwana.

Eine derartige Folgerung des Quietismus wird nun aber schwerlich auf allgemeinen Beifall rechnen dürfen. Ohne also für diesmal näher auf ihre Widerlegung einzugehen, können wir sie als beseitigt betrachten und uns der zweiten Seite obigen Dilemma's zuwenden: Wer nicht Wollen und Zweckthätigkeit überhaupt verwirft, der muss zugeben, dass auch der Eudämonismus an sich unverwerflich ist und dass in seiner üblichen Gesammtverurtheilung jedenfalls ein schweres Missverständniss vorliegt. Zum Mindesten muss ein sehr erheblicher Unterschied zwischen Eudämonismus und Eudämonismus bestehen, welcher eben die prinzipielle Differenz von gutem und bösem Willen ergibt. Wenn jener die Signatur alles Wollens bildet, gleichwie der Schatten den Körper begleitet, so fragt es sich jetzt, welche Differenz in ihm selbst den kardinalen Gegensatz des Guten und Bösen konstituire. Am nächsten liegt der Gedanke an einen Unterschied der Objekte, auf welche sich der werthsuchende Wille richtet, indem dieselben am Ende unter sich eine Stufen- und Rangordnung von werthvolleren oder gemeineren Genussmitteln bilden. Jenachdem das Wollen auf niedere oder höhere, gröbere oder feinere und edlere Lust geht, scheint ihm das Eine oder andere ethische Prädikat zuzukommen. Sehen wir einmal zu!

Wenig Mühe macht für die Taxation natürlich das Dahinleben in niederer Sinnenlust, jener „βίος ἀπολαυστικός", welchen Aristoteles mit Recht als thierisch bezeichnet und selbstverständlich für den Menschen verwirft. Wer keinen höheren Zweck des Daseins kennt und keine bessere Erfüllung des Lebens sucht, als Essen, Trinken und dergl., über den steht das allgemeine ethische Urtheil sogleich fest.

Wir wollen desshalb um Eine oder um ein paar Stufen höher steigen und den Menschen da betrachten, wo er sich wirklich als Mensch im Unterschied vom Thier erfasst. Jetzt kommen auch die höheren Seiten zum Ausdruck, welche ihm specifisch angehören. Die Sinnlichkeit der ersten Stufe tritt nur noch kultivirt und wohldisciplinirt auf, ja sie wird sogar bloss die nebensächliche Begleitung übergeordneter geistiger Genüsse bilden. Kunst und Wissenschaft, abwechselnd mit feiner Geselligkeit und verschönert durch sie werden als des Lebens wahrer Zweck betrachtet, welches sich damit in schöner Harmonie zum Vollgenuss des ächten Menschseins abrundet. Etwas Derartiges mochte z. B. die Ethik des Aristoteles als das menschlich Gute im Auge haben. Uebrigens ist auch

Epikur nicht eben sehr weit von der gleichen Ansicht entfernt, wenn man ihn anders gerecht beurtheilt. Können wir ihnen beistimmen und hierin wirklich das wahrhaft Gute erblicken? Wir sind zwar eben in dieser Untersuchung von dem Vorurtheil ganz frei, welches sich als schlimmer Beigeschmack an den Namen des „Epikuräismus" zu heften pflegt. Trotzdem müssen auch wir jene Frage mit Nein beantworten. Streng ethisch beurtheilt ist nichts damit geholfen, wenn ein Leben des Groben sich enthält und dafür nur feine und feinste Genüsse zu seinem Inhalt hat. Es mag dies sogar mit gehaltenem Maass und nicht etwa in jener ruhelosen Hast betrieben werden, welche sich von Einem ins Andere stürzt; dennoch ist auch ein solches Dasein verfehlt, wenn der Mensch darin aufgeht und nichts Höheres weiss. Die ächte und besonders die von Kant geschulte Ethik lässt sich selbst von der höchsten Civilisirung und Kultur nicht dergestalt imponiren, dass sie schon hier ihr Billigungsurtheil abgäbe. Wollten wir es recht drastisch ausdrücken, so wäre jene geschilderte zweite Lebensanschauung und Lebensführung vielmehr immer noch die Unsittlichkeit, ob auch jetzt in Frack, Ballkleid und Glacé's. Es ist indessen kaum nöthig, dass darüber ein fremdes Urtheil ergeht; genügt es doch an dem tiefen und unverkennbaren Selbsturtheil, welches diese weitverbreitete Klasse von Menschen über den Werth ihres eigenen Lebens abgiebt. Niemand stellt ein so zahlreiches Kontingent wie sie zu den praktischen Vertretern des Pessimismus, welcher von jeher auf der Höhe von „Geld und Geist" oder bei der Aristokratie der Welt weit mehr als in der Tiefe grassirt. Von den Theoretikern des Pessimismus, welche nicht nothwendig damit identisch sind, ist es meines Erachtens überaus wahr und dankenswerth, wenn sie eben dies unerbittlich ans Licht ziehen und dem falschen Bildungswahn wie ein scharfgeschliffener Spiegel sein richtiges Antlitz zeigen. Man nehme alle theoretische oder ästhetische Vergeistigung des Lebens zusammen, man sublimire und destillire diese Genüsse noch so sehr: ein in sich gesättigtes und befriedigtes Leben kommt erst recht nicht heraus. Denn mit der Höhe der Vergeistigung und Bildung steigt auch die Feinheit wenigstens des Gefühls, welches den grossen übrig bleibenden Manko tief empfindet. Und das ist eben das fehlende Ethische! Jedenfalls in Pausen hat eine derartige Existenz das ureigene Gefühl ihrer Nichtigkeit und Leerheit, ihrer Werthlosigkeit und Verfehltheit; sie spricht sich selbst das Urtheil und enthebt uns der Mühe, es von uns aus zu thun. Wir wollen desshalb noch eine Stufe höher steigen, um endlich das Gesuchte zu finden. Bot es der Salon nicht, so wohnt es vielleicht im Kreise der prononcirten sogenannten „Frommen". Sie verwerfen alle weltliche Lustbarkeit und meiden sie in strenger Entsagung. Pünktlich und peinlich ist ihr Wandel nach der Vorschrift des Gewissens oder vielmehr ihrer Religionsvorschriften eingerichtet. Trösten sie sich doch in alle dem mit der Aussicht auf den weit besseren Lohn im Himmel; irdischer Genuss wird gerne von ihnen dahingegeben, da sie ja dafür den reinsten und feinsten Genuss im Jenseits erwarten. Diess ist das Wohl, das sie suchen; und die Hölle droht als das Wehe, vor dem sie fliehen. Nur hier liegen ihnen reelle Werthe; alles Andere sind Nichtigkeiten für die bethörten Weltkinder. Ich brauche kaum zu bemerken, dass ich diese Anschauungsweise keineswegs mit der Frömmigkeit als solcher identifizire. Wohl aber wird sie sich naturgemäss am ehesten in denjenigen Kreisen finden, welche sich vornehmlich die frommen nennen. Nun ist es freilich nachgerade eine alte Rede, der ich kaum etwas beizufügen habe, dass nämlich eine solche Moral nichts Besseres sei, als unsittliche Lohnsucht. Das Gute wird gethan und das Böse unterlassen, nicht wie Plato in der Republik wiederholt so schön sagt, „ob es Götter und Menschen sehen oder nicht sehen." Vielmehr wird nur gehandelt wegen der Folgen, welche man im Jenseits zu erwarten oder zu gewärtigen hat (vgl. die ethische Krisis Schillers in der „Resignation").

Ein antitheologischer Immanenzstandpunkt liebt es,

hauptsächlich gegen diese Zukunftshoffnung oft ganz gewaltige Philippiken ergehen zu lassen und vom hohen Ross herab eine solche „Trinkgeldsmoral", wie er höhnisch sagt, der Verachtung des weltlich gebildeten Publikums preiszugeben. Nur schade, dass er unter Umständen so ziemlich in derselben Verdammniss ist! Ein alter Mystiker sagt einmal, wer ein böses Gewissen habe, der trage die Hölle in sich selber, wie der Kranke den hohlen Zahn. Wir wollen nun nach Anleitung dieses Vergleichs für Himmel ein gutes Gewissen und für Hölle das böse Gewissen setzen. Immerhin ist das theoretisch betrachtet sicherer und fasslicher, als jene transcendenten Positionen. Allein ernstlich ethisch erwogen bleibt sich die Sache doch eigentlich ganz gleich. Man thue jetzt also das Gute um der Gewissensruhe willen, und unterlasse das Böse, um der Qual der Gewissensbisse zu entgehen. Offenbar ist auch dann noch das Gute nicht um seiner selbst willen geübt, sondern nur als Mittel für einen Zweck behandelt, welcher über ihm liegt und das wahrhaft letzte Ziel bildet. Fast möchten wir diess nach der gewöhnlichen Bedeutung des Tadelworts eine Art von Gewissensepikuräismus nennen und jedenfalls ethisch verwerfen.

Man wird geneigt sein, eine solche Peinlichkeit für pure Wortklauberei und nichtige Spitzfindigkeit zu erklären. Komme es doch völlig und genau auf dasselbe hinaus, wie wenn man das Gute rein um seiner selbst willen übe. Ich könnte das am Ende zugeben, wenn nur im Sittlichen das Werk und der äussere Erfolg, nicht aber die innerlich leitende Absicht als Hauptsache und somit als der eigentliche Werthmesser anzusehen wäre. Die letztere jedoch muss auch hier von einem feineren Urtheil noch verfälscht und unrein genannt werden. So haarklein zunächst der Unterschied scheint, so zweifellos ist er laut der sittlichen Erfahrung kein willkürlich gemachter, sondern ein thatsächlich vorhandener und haarscharfer. Ich räume ein, dass das Gewissen ruhig sein und keine Vorwürfe erheben wird, wenn ich das Böse auch nur in Rücksicht auf seine innere Bestrafung unterlasse. Aber eine eigentlich positive Billigung wird jenes Tribunal mir bei einer solchen Gesinnung dennoch versagen. Mindestens wird ein starker Abzug stattfinden und ein Gefühl im Hintergrund sich regen, dass doch auch diess noch nicht das Wahre sei. Selbstverständlich ist eine energische Gewissensregsamkeit im Billigen oder Verwerfen, und dem entsprechend eine feine Empfindlichkeit für seine Urtheile als sehr wichtige und werthvolle ethische Möglichkeit anzusehen. Mit anderen Worten wird nur derjenige, welcher schon gut ist oder nahe daran steht, die Urtheile des Gewissens als intensive Lust oder Unlust empfinden und taxiren, während sie den ruchlosen und verhärteten Schurken verhältnissmässig kalt lassen. Aber eben desswegen ist es schade, wenn diese vielversprechende Möglichkeit nicht vollends zur ganzen Wirklichkeit entwickelt wird, wenn der Besitzer jenes zarten Gewissens in der Vorhalle stehen bleibt oder das beinahe erreichte Wahre zu guter Letzt noch selbst wieder verunreinigt. Man hat seinen Lohn dahin, indem man ihn zur Unzeit vorwegnahm und an der unreifen Frucht naschte. Das Richtige bleibt durchaus, das Gute nur ausschliesslich um des Guten willen zu thun. Nachher ist jener Reflex der Gewissensbefriedigung völlig erlaubt und untadelhaft, oder vielmehr steht er als innere Thatsächlichkeit gar nicht in unserer Gewalt. Nur soll auch er nicht den leitenden Zweck bilden, sondern darf lediglich als sekundärer und unausbleiblicher Reflex in mir sich einfinden, um die gewahrte Harmonie des Lebens in nachträglichem Zeugniss zu bestätigen. Diess ahnte theilweise schon Aristoteles ganz richtig, wenn er es auch nicht zur konsequenten Durchführung zu bringen vermochte; noch deutlicher ist es in der trefflichen stoischen Bezeichnung jener Reflexlust als des blossen ἐπιγέννημα enthalten. Auch die urchristliche Ethik sagt dasselbe, wenn sie dem Trachten nach der Gerechtigkeit, welches Allem vorangehen müsse, das Uebrige unfehlbar „zufallen" lässt, womit das Letztere eben als fructus adventicius und nicht furtivus bezeichnet ist. Endlich ist es ganz besonders der grosse Ethiker Kant, welcher diese moralische Glückseligkeit treffend beleuchtet und zeigt, wie sie als letzter Bestimmungsgrund des Guten gesetzt, ein sich selbst widersprechendes Unding ist: „Der denkende Mensch nämlich, wenn er über die Anreize zum Laster gesiegt hat und seine oft saure Pflicht gethan zu haben sich bewusst ist, findet sich in einem Zustand der Seelenruhe und Zufriedenheit, den man gar wohl Glückseligkeit nennen kann, in welcher die Tugend ihr eigener Lohn ist. Nun sagt der Eudämonist — nach Kants Taxation und Terminologie —: Diese Wonne, diese Glückseligkeit ist der eigentliche Beweggrund, warum er tugendhaft handelt. Nicht der Begriff der Pflicht bestimme unmittelbar seinen Willen, sondern nur vermittelst der im Prospekt gesehenen Glückseligkeit werde er bewogen seine Pflicht zu thun. Nun ist aber klar, dass weil er sich diesen Tugendlohn nur vom Bewusstsein, seine Pflicht gethan zu haben, versprechen kann, das letztgenannte doch vorangehen müsse; d. h. er muss sich verbunden finden, seine Pflicht zu thun, ehe er noch und ohne dass er daran denkt, dass Glückseligkeit die Folge der Pflichtbeobachtung sein werde. Er dreht sich also .mit seiner Actiologie im Zirkel herum" V, 199 f. ebenso IV, 141 f.

Ueberblicken wir nun die ganze Stufenleiter von Lustobjekten oder Befriedigungsweisen, welche wir hiermit von ganz unten bis zur höchsten Spitze ausgeführt haben. Wider Erwarten scheint das Ergebniss für unser Wohlprincip ein herzlich ungünstiges zu sein. Mögen die genannten Stufen in anderer Hinsicht beträchtlich differiren, mögen sie z. B. vom ästhetischen oder namentlich auch vom Klugheitsstandpunkt aus betrachtet ganz erhebliche Werthdistanzen aufweisen; vor dem specifisch ethischen Richterstuhl genügt uns keine einzige. Denn Begriffe wie „wahrhaft erspriesslich, vernünftig oder schön" sind immer noch keine sittlichen Kategorien; selbst die blosse Angemessenheit an die faktische Menschennatur können wir nicht als solche gelten lassen. So bliebe es also doch bei dem, was man gewöhnlich sagt, dass keinerlei Wohlsuchen oder Eudämonismus sittlich zulässig sei. Denn wenn alle einzelnen Arten desselben der Reihe nach verworfen werden, so trifft dies eo ipso auch das Genus.

Ich müsste dem vollkommen beistimmen wenn n ur nicht innerhalb des Eudämonismus ausser der bisher applicirten noch eine andere Differenz angebracht werden könnte. Viel bedeutsamer, als die zunächst erwogene, ist erst sie die wahrhaft entscheidende, an welcher der Unterschied von Gut und Bös principiell hängt. Seither unterschieden wir nämlich nur hinsichtlich des Objekts auf das der Wille in seinem Wohlsuchen geht, indem daraus eine Stufenreihe von verschiedenen Lustarten entsprang. Denn diese Seite der Gegenständlichkeit ist in der That das Nächste und Einfachste, auf was das unterscheidende Denken verfallen wird; aber sie konnte uns nicht zufrieden stellen. Wie wäre es nun, wenn wir das fallen liessen und die Differenz etwa im subjektiven Gebiet des Glückstrebens anbrächten? Mit andern Worten würde es sich jetzt nicht mehr darum handeln, was für ein Wohl der Wille sucht, sondern nur darum, für wen er es erstrebt. Entweder kann er nämlich Wohl, und zwar zunächst von irgend welcher Art, für sich selber suchen; oder aber sucht er es für andere Wesen, die einer solchen Empfindung fähig sind, also vorzüglich für die am intensivsten fühlende Mitmenschheit. Im ersteren Fall ist das Wohl-Wollen ein egoistisches, im andern ein selbstlos universalistisches.

Hiermit haben wir in der That das punctum saliens erreicht: Jenes ist das Böse, und dieses das Gute. In der obigen Stufenleiter des Genusslebens acceptirten wir die Verwerfung vorläufig einfach als eine Thatsache des allgemeinen sittlichen Bewusstseins. Erst jetzt haben wir auch den wunden Fleck getroffen, an welchem alle jene Modificationen in Wahrheit laboriren und um dessen willen sie das Missbilligungsurtheil trifft. Sie sind sämmtlich verwerflich, weil sie gröber oder feiner nur sich selbst leben und die eigene Befriedigung zum ausschliesslichen oder doch zum höchsten leitenden Gesichtspunkt haben. Sie sind ethisch betrachtet lediglich wegen des Egoismus verurtheilt, der sich so oder anders in ihnen ausprägt. Es ist von grösster Wichtigkeit, ihn als das wahrhaft Böse auch von Anfang an bei seinem rechten Namen zu nennen, um dasselbe unmaskirt blosszustellen. Denn er verdient diess redlich. Zu was also die Schuld zum Theil oder gar ausschliesslich auf fremde Schultern laden und so den wirklich Schuldigen entlasten? Zu was den Eudämonismus in Bausch und Bogen schmähen, welcher unparteiisch für Gutes und Böses das Objekt bildet? Allerhöchstens repräsentirt er unter Umständen, aber keineswegs ausnahmslos, in gröberer hedonischer Form die sekundäre Schaale am Egoistischbösen; aber niemals liegt in ihm der Kern und das Wesen, wie schon seine Zugesellung auch zum Guten hinreichend beweist.

Diess ist eben die hartnäckige Verwechselung, gegen welche unsere ganze Darlegung gerichtet ist. Und jene ist wiegesagt gar weitverbreitet. Denn meistens werden z. B. die obigen Lebensweisen oder die entsprechenden ethischen Systeme mit dem kurzen Verdikt „eudämonistisch" abgefertigt. Damit ist die Gerichtssitzung aus, als ob diese usuelle schwarze Note genügte und nicht ein klares Quidproquo wäre. Wie wir einleitend vermutheten, so meint dasselbe tadelnd etwas ganz Anderes, als es nennt, und verbindet subintelligirend mit dem harmlos generellen Terminus „Eudämonismus" sogleich die verwerfliche differentia specifica „egoistisch", ohne sie doch sonst für solidarisch damit verbunden zu erklären.

Einen ähnlichen Missgriff finden wir indessen auch ausserhalb der eigentlichen Ethik im Schwang. Ich denke dabei an die Versuche zur Welterklärung, resp. an die Beurtheilung der etwaigen Ziele und Zwecke, welche die Natur oder die Arbeit der weltbildenden Kräfte verfolgt. Jedermann kennt jenes Deutungsverfahren, wie es schon an der Wiege des begrifflichen und teleologischen Gedankens bei Sokrates sich zeigte, seine Blüthezeit aber in der neueren Aufkärungs- und Popularphilosophie erlebte. Hier wurden alle Formen und Gestalten, alle Verhältnisse und

Gesetze in der Welt mit begeistertem Eifer auf die Glückseligkeit des Menschen reducirt, welche den Anfang und das Ende sämmtlicher Untersuchungen ausmachte. Auch das wird nun wieder allgemein als ein ebenso bornirter, wie geschmackloser Eudämonismus verworfen, der jetzt gar vollends ins Metaphysisch-kosmische sich eindränge und auf diesem weitern Boden die ganze lächerliche Blösse seiner niedrigen Natur offenbare. Meines Erachtens ist es auch in diesem Fall zunächst lediglich der Egoismus, welchem Spott, Hohn und Tadel zumal gebühren. Ich meine jetzt den anthropocentrischen Gattungsegoismus gegenüber von anderen, doch wohl gleichfalls fühlenden Wesenheiten, welcher in eitlem Eigendünkel meint, die ganze Welt sei nur eine grosse künstliche Maschinerie im Dienste des kleinen Gottes „Mensch". Erst die Folge der praktischen Bornirung ist dann auch die lächerliche theoretische Beschränktheit und Kleinlichkeit, welche sich ergiebt, wenn sämmtliche Zwecke allein nach jenem relativ minutiösen Centrum hin ausgedeutet werden. Man stellt dem die Anschauung alles Seienden als eines Selbstzwecks gegenüber — was übrigens doch auch nicht in absoluter Isolirung jedes Einzelnen durchführbar ist — und will sich die Teleologie überhaupt nur noch unter dieser weitherzigen Bedingung gefallen lassen. Wir sind damit ganz einverstanden, stellen nun aber unsererseits die Bedingung, dass jene Weitherzigkeit sich auch vollends dazu verstehe, solchen Selbstzwecken gleichfalls ein Herz zu gönnen. Soll der Gedanke haltbar sein, so müssen sie selbst etwas von ihrem nunmehr auf sich gestellten Dasein haben. Mit andern Worten darf man sich der Konsequenz nicht entziehen, dass alsdann schliesslich Alles zu empfindenden Wesenheiten zu vergeistigen sei, wie es Lotze in diesem Zusammenhang ganz folgerichtig und treffend thut. Widrigenfalls habe ich jenen „Selbstzweck" abermals im Verdacht des „Werth an sich" oder des hölzernen Eisens. Wenn weder die Menschen, noch ein Gott von jenen Formen und Gebilden etwas haben dürfen, weil sonst von Neuem die alte lächerliche Teleologie herauskäme, so müssen diese Gebilde wenigstens selbst einen Genuss von sich empfinden; sonst hört der Begriff des Werths und Zwecks auf, einen Sinn zu besitzen. Allgemeine Formen und Verhältnisse mögen die allerschönsten dialektischen Arabesken bilden, die sich denken lassen; oder ein Seiendes soll der Inbegriff von Vollkommenheit sein: dennoch erhält all diess nach den früheren Ausführungen seinen Werth erst im eigenen oder fremden Empfindungsreflex des lebendigen Individuums. Vorher oder an sich ist es blosse Werthmöglichkeit und Mittel zu künftiger Zweckrealisirung. Wer also die Teleologie nicht lieber ganz fallen lassen will, der muss nolens volens sich auch zu einem derartigen metaphysischen Eudämonismus und Lustprinzip bekennen!

Sollte aber Jemand in dieser Hypothese des „Selbstgenusses" der Weltwesen einen Widerspruch mit unserer obigen Betonung der Selbstlosigkeit finden wollen, so können wir ihm nur entgegnen, dass wir allerdings zunächst bloss von einer Ethik für uns Menschen etwas wissen und verstehen. Dagegen liegen jene Grenzpunkte einer ahnenden Phantasie uns viel zu fern, um vernünftiger Weise in der Konstruktion menschlich-sittlicher Begriffe irgend mitberücksichtigt zu werden. Lassen wir darum lieber diese ganze metaphysische Abschweifung hiemit auf sich beruhen und stellen uns wieder auf den soliden Boden unserer menschlich-immanenten ethischen Erwägung.

Bei einem vergleichenden Blick auf die geistestiefe Ethik Kants muss es uns an dem jetzigen Punkte dieser Untersuchung aufrichtig freuen, dass unser Ergebniss hinsichtlich des Egoismus als des wahrhaft Bösen ganz mit demselben übereinstimmt, wenn er z. B. sagt: „Das gerade Widerspiel des Prinzips der Sittlichkeit ist, wenn das der eigenen Glückseligkeit zum Bestimmungsgrund des Willens gemacht wird" IV, 136. Diesen immer wiederkehrenden Satz führt eine Reihe von überall eingeflochtenen Beispielen eifrig durch, welche jene unsittliche Gesinnung von ihrem plumpsten Auftreten an bis zu ihren feinsten Maskirungen verfolgen, um sie durch diese Blosslegung in jeder Gestalt von dem unbestochenen sittlichen Urtheil verwerfen zu lassen. Zuerst kommen klar egoistische Fälle zur Sprache, in welchen das eigene Wohl kollidirend mit fremdem direkt und unverschleiert den leitenden Gesichtspunkt bildet. Hierauf wird die Sache schon etwas komplizirter. Fremdes Wohl repräsentirt wenigstens scheinbar das Absehen des Willens und sein unmittelbares Objekt; allein genau betrachtet ist trotzdem nur Ehrgeiz oder persönliche Eitelkeit, also doch wieder Egoismus die eigentliche Triebfeder. Nicht viel anders stellt es sich, wenn das Streben immerhin sogar auf das Wohl des Allgemeinen oder der Gesammtheit geht, hiebei aber von der Erwägung sich leiten lässt, dass diess schliesslich auch für Einen selbst das Vortheilhafteste sei. Je mehr das Ganze gedeiht, desto grösser wird die Proportion von Wohl, welche dem einzelnen Mitarbeiter zufällt. Gewiss begegnet uns darin die klügste und weitestblickende Art von Egoismus, mit welcher wenigstens in gewöhnlichen Zeiten die Gesellschaft recht wohl bestehen und gedeihen kann; aber Egoismus bleibt es bei alledem, und seine lange ausreichende Brauchbarkeit für das praktische Zusammenleben macht ihn desshalb noch nicht sittlich rein. Nun wollen wir uns Fälle denken, in welchen der Selbstvortheil ganz abgeschnitten zu sein scheint. Wir nehmen also an, dass das fragliche Streben und Thun seiner Natur nach erst lange nach dem Tod des Subjekts und aller seiner näheren Angehörigen Früchte zu tragen vermag. Allein auch hier findet der Egoismus in seiner enormen Gewandtheit noch eine Spalte, durch die er eindringen kann. Es ist der Gedanke des Nachruhms, welcher als konzentrirter Vorgenuss des Lebenden denselben unter Umständen sogar zur Aufopferung seines Lebens veranlassen kann. Der grössere ideelle Genuss hat alsdann den kleineren reellen überwogen; indessen ist und bleibt das Motiv der That ein Selbstgenuss, also noch einmal Egoismus.

Endlich giebt es aber doch auch Fälle, in welchen die leiseste Spur des eigenen Vortheils vorsichtiger noch als vorhin eliminirt ist. Denken wir uns, dass im letztgenannten Exempel der künftige Wohlthäter seiner Mitmenschen sicherlich und seiner eigenen Voraussicht nach unbekannt bleibt; und dennoch streut er die gute Saat in selbstloser Freude am fremden Glück und an der Förderung der Nachwelt aus, mit der ihn nicht einmal mehr das ideelle Band des Nachruhms selbstisch verbindet. Wir brauchen übrigens gar keine so künstlichen Hypothesen; denn der Beispiele giebt es im wirklichen Leben glücklicher Weise eine hinreichende Zahl, wo keinerlei eigener Nutzen bei einer guten That abzusehen ist, Fälle, in welchen auch faktisch nach dem klaren Bewusstsein und dem unbestochenen Gewissenszeugniss des Handelnden jenes Absehen gar nicht einmal versucht, geschweige denn ausgeführt wird. Das einzige Motiv ist Förderung des fremden Wohls oder Hebung des fremden Wehe's als solchen; dasselbe bildet nunmehr das äussere Objekt, wie den letzten innern Bestimmungsgrund des Wollens und Handelns ist also als der auf sich beruhende Selbstzweck im vollen Sinn des Worts zu betrachten.

Hier wäre also endlich der schlimme Egoismus völlig verschwunden, und es bliebe nur jener selbstlose Eudämonismus übrig, den wir genau als das Gute bezeichneten. Man sollte denken, dass sich der erbittertste Gegner des Egoismus hiermit gleichfalls zufrieden geben müsse und endlich das lange zurückgehaltene Billigungsurtheil gemeinsam mit uns aussprechen werde. Leider ist diess bei Kant nicht der Fall. Wer eine Weile in die Sonne geblickt hat, dem liefert die gereizte Netzhaut noch eine Zeitlang nachher lauter Sonnenbilder. Umgekehrt hat sich Kant so voll und ganz in den Kampf mit der dunklen Gestalt des Egoismus gestürzt, dass er auch in dem zuletzt genannten Beispiel noch den Feind argwöhnt, welchem bisher seine wuchtigen und gewandten Hiebe galten.

Unser ganzes Ergebniss droht also plötzlich wieder umgestossen zu werden, indem diejenige philosophischethische Auktorität, welche wir offen als die noch immer gewichtigste für uns bekennen, sogar unseren selbstlosen

Eudämonismus verwirft, ihn rundweg für ein hölzernes Eisen erklärt und stets behauptet, dass aller und jeder Eudämonismus schliesslich doch auf Egoismus hinauskomme. „Der Eudämonist, heisst es z. B. im Eingang der Anthropologie, ist derjenige, welcher bloss im Nutzen und der eigenen Glückseligkeit, nicht in der Pflichtvorstellung den obersten Bestimmungsgrund seines Willens setzt. Alle Eudämonisten sind daher praktische Egoisten" X, 124. Die noch deutlichere Hauptstelle ist jedoch der bekannte zweite Lehrsatz der Kritik der praktischen Vernunft, dessen nähere Ausführung mit den Worten schliesst: „Alle materialen Principien, die den Bestimmungsgrund der Willkür in der, aus irgend eines Gegenstands Wirklichkeit zu empfindenden Lust oder Unlust setzen, sind sofern gänzlich von Einerlei Art, dass sie insgesammt zum Princip der Selbstliebe oder eigenen Glückseligkeit gehören" IV, 119. Dies Thema wird in zahllosen Stellen der genannten und anderer Schriften variirt und zu zeigen versucht, wie der geringste Zusatz eines materialen oder gegenständlichen Moments in das Gesetz, resp. in den Bestimmungsgrund des Willens sogleich eine heteronomische Verunreinigung ergebe. Man möge dasselbe verfeinern und erweitern, so stark man wolle; sobald der Wille auch nur mit einem halben Auge auf Wohl oder Wehe sein Absehen richte, gerathe er rettungslos in das „gerade Widerspiel der Sittlichkeit", in den Egoismus hinein.

Eudämonismus und Egoismus,
eine Ehrenrettung des Wohlprincips.

Von

E. Pfleiderer, in Tübingen.

II. Artikel.

Es lässt sich zum Voraus mit Sicherheit annehmen, dass ein Mann von Kant's Geist nicht aus Unachtsamkeit oder logischer Nachlässigkeit zwei heterogene Begriffe nur so leichthin verwechsele, wie es allerdings seine sprachlichen und nicht zugleich sachlichen Nachfolger in unserer Frage thun. Wenn er Eudämonismus und Egoismus mit solcher Entschiedenheit identificirt, so muss er dafür seine Gründe haben und weiss in der That auch welche anzuführen. Freilich sind sie nicht alle in streng übersichtlichem Zusammenhang von ihm dargelegt. Holen wir das nach und prüfen dieselben der Reihe nach auf die Beweiskraft, welche sie wirklich besitzen.

Am augenfälligsten wird von dem grossen theoretischen Kritiker nunmehr auch hier im Praktischen der kritisch-formale Gesichtspunkt vorangestellt und betont. Jede Hereinnahme und anfängliche Mitberücksichtigung von materialen ¡oder also eudämonistischen Momenten wäre nach ihm ein Empirismus; der Empirismus als solcher aber sei jedenfalls in der Ethik stets individualistisch und atomistisch; also gehöre er dem Gebiet der egoistischen Zersplitterung und Isolirung an. Diese etwas rasche Schlussfolgerung bedarf einer genaueren Explizirung. Was denn eigentlich in der Welt dem Menschen Lust und Unlust gewähre, das lässt sich schlechterdings nur a posteriori wissen oder aus der successiven wirklichen Erfahrung des Kontakts mit den fraglichen Dingen und Verhältnissen entnehmen. Schon dies einfache „Aposteriori" aber ist noch ohne Beachtung weiterer Bedenken eine logische Eigenschaft, welche einem Höchsten, wie dem Sittenprincip oder Gesetz nicht wohl ansteht und sozusagen als unebenbürtig von vorneherein aus seiner aristokratischrationalen Nähe zu verbannen ist. Seine volle Bestätigung erhält dieses logische Vorurtheil, wenn wir näher auf die misslichen Folgen achten, welche jedes Aposteriori seiner Natur nach begleiten. Jene Erkenntniss ist durchaus individuell; bei dem Einen Subjekt stellt sich die Sache so, bei dem Anderen wieder anders; was mir Lust gewährt, bereitet am Ende dem Zweiten Unlust, den Dritten aber lässt es gleichgültig. Oder gilt das Resultat nicht einmal für mich selbst zu allen Zeiten und unter verschiedenen Umständen. Das Gute droht mit Einem Wort auf diesem Weg zur puren Geschmacksache zu werden, über welche sich nicht weiter disputiren lässt. Es droht jener haltlose Relativismus der Sophisten mit dem freveln Satz: Gut ist, was Jedem jeweils beliebt — das würdige Seitenstück zu ihrer skeptischen $\delta\acute{o}\xi\alpha$ im Theoretischen, wo dasjenige wahr ist, was dem einzelnen Individuum im einzelnen Moment seiner sinnlichen Wahrnehmung so erscheint oder vorkommt. Wie himmelweit liegt doch ein solches Zwittergebilde mit seinem nebelhaften Fliessen von der Absolutheit eines ächten Sittengesetzes ab, welches ohne Schwanken und wechselndes Belieben sein kategorisches Gebot jederzeit an Alle ergehen lässt!

Es kann keinem Zweifel unterliegen, dass Kant in der Vorstelligmachung dieser Bedenken für sehr wahre und berechtigte Interessen eintritt, welche wir gleichfalls vollkommen theilen. In kurzer Formel ist es nämlich die entschiedene Apriorität des ethischen Princips, um was er kämpft. Was heisst das aber, richtig verstanden?

Nichts anderes, als die Ur- und Eigengeistigkeit des Sittlichen nach seinem innersten Kern, oder negativ ausgedrückt die komplete Unmöglichkeit, auf dem Wege irgend welcher Aussenerfahrung oder Beobachtung dessen, was ist und geschieht, kennen zu lernen, was sein soll oder was gut resp. böse heissen will. Wer den Sinn dieser Werthbegriffe nicht von Haus aus, zuerst instinktiv, dann deutlich in sich trägt, der lernt ihn sein Lebenlang nicht und würde er seine beobachtende Erfahrung des faktischen Geschehens bei Anderen, wie bei sich selbst noch soweit ausdehnen. Das Sollen stammt als That vom Ich, und nie vom Nicht-Ich mit seiner so oder anders beschaffenen Thatsächlichkeit.

Ebendamit ist das ethische Princip als eigengeistiges ein schlechthin identisches für alle (menschlich) geistigen Individuen, welche in dieser Hinsicht gar nicht individuell getrennt sind. Und endlich gilt es mit dieser inhärenten Allgemeinheit unbedingt, wo irgend ein vernünftiger Menschengeist lebt und sich regt, mögen die Verhältnisse und äussern Umstände sein, welche sie wollen: überall trägt der persönliche Geist diese geistige Grundpotenz in sich und steht bei allem Wechsel der Situationen wandellos unter ihrem Gebot. Diess ist der Sinn und der gute Grund, warum Kant bei dem „Apriori" mit scheinbar schablonenhafter Stereotypie die Allgemeinheit, hier richtiger Allgemeingültigkeit, und die innere unveränderliche, hier ethisch zu verstehende Nothwendigkeit betont.

Es fällt uns wie gesagt nicht ein, diese Kernwahrheiten der sittlichen Principienlehre alteriren zu wollen Aber geben wir denn damit nicht unsere ganze eigene Ausführung verloren, indem wir Kant so rückhaltslos beistimmen? Ich glaube nicht. Seine soeben markirten Interessen lassen sich meines Erachtens vollkommen auch mit unserer Grundanschauung vereinbaren. Wir können die Vordersätze stehen lassen, ohne die Nachsätze und Folgerungen mitzuacceptiren, welche Kant in überschiessendem Eifer für die Wichtigkeit der fraglichen Momente abweichend von uns ziehen zu müssen glaubt. Diess dürfte überhaupt die Grundsignatur aller Mängel und Irrungen in seiner Ethik sein. Sie sind meist auf gutem Boden gewachsen und stellen sich bei ernstlicher Erwägung grösstentheils nur als Uebertreibungen von ganz Wahrem und Werthvollem dar. Suchen wir diess für unseren Zusammenhang zu zeigen.

Auch wir fassen das ethische Princip als eigengeistiges und für Jedermann identisches Moment von unwandelbarer Art, das wir als ein praktisches natürlich vor Allem der Willensseite des Menschen zuzuweisen haben. Es ist somit die universelle Seite an unserem Willen oder ein Moment desselben, welches über der persönlichen Differenz der Einzelnen liegt, eine Unterscheidung, welche sich schon bei wenig Nachdenken als ganz solid und keineswegs schwindelhaft erweist. Hiernach werden wir nicht in den Verdacht einer seltsamen und unpsychologischen Hypostase kommen, wenn wir das Gemeinte der abstrakten Klarheit wegen scheinbar als Extrapotenz oder als den Grundwillen an und im persönlichen Willen bezeichnen. Auch dieses Grundwollen muss nun nach dem früher Bemerkten wie alles richtige und rationale Wollen im Unterschied von einer sinnlosen psychologischen Expansion als ein motivirtes oder als ein Wohl-Wollen gefasst werden, nur dass es als erhaben über der persönlichen Differenzirung ohne Ansehen der Person Wohl will oder sich als universales Wohl-Wollen darstellt. Wenn wir das, was streng begrifflich nur als dialektische Spannung verschiedener Seiten am Willen zu denken ist, in plastischer Vorstellungsmässigkeit fassen, so stellt sich die Sache gewissermassen dialogisch dar, oder es präsentirt sich, als spräche der Grundwille zu dem persönlichen: Wolle allezeit — und zwar natürlich Wohl — sub specie universi seu humanitatis! Denn es ist ja in der That der überpersönliche Vernunft- oder vorsichtiger ausgedrückt der Menschheitswille im einzelnen Menschen, welcher da spricht und gebietet oder will.

Nun versteht es sich freilich von selbst, dass mit diesem blossen Grundwillen des universalen Wohls über ein bestimmtes und konkretes „Was" des letzteren noch nichts entschieden ist. Die nähere Ausfüllung des allgemeinen Schema's „Wohl" mag immerhin auf die mannigfachste Weise schwanken und wechseln; sie kann im wirklichen Verlauf der persönlichen Willensakte Wahres und Falsches, Bleibendes und Vergängliches neben einander beherbergen, wie wir bereitwillig einräumen. Allein das Gleiche muss ja Kant selbst bei allen seinen apriorischen Momenten, z. B. bei der Hauptkategorie der Kausalität zugestehen, ohne dass er in dieser konkreten Erfüllung der abstrakten Formel durch die successive Erfahrung eine Beeinträchtigung jener Apriorität erblicken würde. Im Gegentheil wirft er es ausdrücklich dem Skeptiker Hume vor, dass derselbe just an diesem Bedenken hängen geblieben sei und über der allerdings zweifellos nöthigen Kompletirung durch die allmählige Erfahrung die höhere Würde des Grundgedankens oder der Kategorie übersehen habe. Dasselbe liesse sich, nur in umgekehrter Wendung, hier im Praktischen gegen ihn geltend machen

Wir sehen also, dass uns der „Empirismus" oder das successive Lernen hinsichtlich der näheren Detailirung und Specificirung des generellen Wohlprincips so wenig zu geniren braucht, als diess sonst bei irgend einem „Apriori" der Fall ist.

Wo bleibt aber, könnte jetzt Kant einwenden, bei einer solchen Sachlage wenigstens für alles konkrete, somit wirkliche Wollen und Handeln die erforderliche Identität und Uebereinstimmung unter den Menschen, wenn der Eine diess, der Andere jenes je nach Individualität und Geschmack für Wohl oder Wehe hält? Allerdings haben wir unsererseits das Grundprincip durch eine materiale Fassung bereits in näheren Zusammenhang mit der konkreten Stofferfüllung gebracht, als es bei Kant der Fall ist. Ich halte diess nur für einen Vortheil, wie sich später zeigen wird. Aber immerhin erwächst uns daraus die dringendere Pflicht, als jenem, auch für die letztere Seite den Vorwurf oder Verdacht einer atomistischen Relativität und völlig unberechenbaren, irrationalen Zufälligkeit hinsichtlich der einzelnen Individuen zu beseitigen.

Anknüpfend an eine frühere Bemerkung muss ich vorausschicken, dass wir eine eigentliche Ethik überhaupt nur für Menschen und menschliche Verhältnisse aufzustellen vermögen. Andere Wesen unter oder über uns müssen wir dabei ausser Rechnung lassen. Wir können sie meinethalb zum Theile wohl als Objekte unseres Handelns, aber nie als Subjecte eigenen Thuns dem Sittengesetz unterstellen. Eine derartige Forderung der Allgemeingültigkeit des Letzteren, wie Kant sie allerdings erhebt, scheint mir wiederum ohne den entsprechenden ethischen Gewinn ein Vernunftinteresse zu überspannen. Sicherlich hat der betreffende Gedanke einige Berechtigung, theils an sich, theils namentlich gegenüber von einer empiristischen Degradirung der Vernunft überhaupt, in welcher dieselbe zu der Zufälligkeit einer lediglich terrestrischen und relativ ephemeren Potenz neben koordinirten anderen heruntergedrückt wird. Allein wir dürfen auf der andern Seite über dem prinzipiellen Universalismus der Vernunft doch auch die Partikularität und Einschränkung nicht vergessen, welche sich ihr in der näheren menschlichen Entwicklung und detaillirten Entfaltung anheftet.

Behalten wir diese nüchterne Begrenzung im Auge, so präsentirt sich uns sogleich die starke Identität der menschlichen Wesenszüge, auf Grund deren erst die weitgehende Individualisirung und Nüancirung möglich ist. Ohne jene wäre keinerlei Verkehr im Ganzen, somit speciell keine Ethik auch nur denkbar. Nun liegt aber kein zwingender Grund vor, warum jene Identität sich ausschliesslich auf die sogenannte „Vernunftseite" oder richtiger ausgedrückt auf die Seite der Aktivität beschränken sollte, statt sich ebenso in die Sinnlichkeit, also nach Kants notorisch weiterem Sinn dieses Worts deutlicher gesagt in die Passivität oder Gefühls- und Empfänglichkeitsseite unseres Wesens hineinzuerstrecken, welcher allerdings alle Wohlempfindung angehört.

Offenbar hat unser Philosoph hier die Zweischneidigkeit nicht genug beachtet, mit welcher diese seine geringschätzige Behandlung der menschlichen „Sinnlichkeit" oder Rezeptivität als solcher in kaum abweisbarer Konsequenz gelegentlich auch auf die theoretische Philosophie und gerade auf seine eigene Erkenntnisslehre störend zurückwirken müsste. Allen Stoff des Bewusstseins lässt er nicht minder dort empfangen werden. Gäbe es nun nicht auch in der Funktion des Empfangens eine wesentliche Gemeinsamkeit und Gleichartigkeit der Menschen, so wäre es mit der Uebereinstimmung und Identität der menschlichen Erkenntniss schlimm bestellt; denn die immerhin identische Form neben dem Stoff könnte den Schaden doch eigentlich nicht mehr heilen. Trotz ihr besässe ein Jeder sein ziemlich apartes Bewusstseinsbild, und die Kommunication des Wissens wäre bedenklich alterirt. Das Resultat würde am Ende kaum etwas Anderes sein, als jenes atomistische Privatmeinen der $\delta \acute{o} \xi \alpha$, welchem die alten Sophisten mit resoluter Konsequenz ungescheut das praktische Privatbelieben zur Seite stellten. Wenn dagegen Kant der Sinnlichkeit oder Rezeptivität auf theoretischem Gebiet das grosse Vertrauen schenkt, dass er ohne Besorgniss vor individualistischer Zersplitterung ihr eine so wichtige Leistung wie den ganzen Stoffempfang ruhig anvertraut, so stimmt es damit doch nicht recht, auf dem andern Gebiet plötzlich den übermässig Misstrauischen zu spielen und der getreuen Schaffnerin des Erkenntnisslebens auf einmal im Praktischen nur Störung zuzutrauen.

Sehen wir indessen von solchen Konsequenzen oder Inkonsequenzen innerhalb des Systems ab, welche leicht etwas Künstliches und Missliches an sich haben, so spricht jedenfalls auch die thatsächliche Wirklichkeit im Praktischen so gut als im Theoretischen deutlich genug und beweist, dass eine komplete Relativität und Individualität des Gefühls- oder Empfindungslebens keineswegs behauptet werden kann. Gewiss giebt es auf jenen beiden Gebieten Idiosynkrasien. Aber daneben ist es auch beidemal möglich, dieselben als das, was sie sind, zu entdecken und sie von den allgemein menschlichen oder hyperindividuellen Zügen deutlich zu unterscheiden. Desshalb schadet es nichts, dass strenggenommen immer die eigene Subjektivität den Ausgangspunkt und letzten Prüfungsort bildet, um von hier aus durch analogisches Projiciren auch die Mitwelt zu umfassen. Mit Recht sagt der Dichter: „Willst du die Andern verstehn, blick in dein eigenes Herz!" Ich möchte z. B. genau wissen, wie diese oder jene Handlung ein empfindendes Wesen überhaupt anmuthen werde. Zu diesem Behuf muss ich sie allerdings zunächst nach Massgabe früherer ähnlicher Erfahrung in Gedanken auf mich selbst beziehen und mich fragen, wie sie mich affizirte oder affiziren würde.

Diess dürfte der unanfechtbare Sinn der christlichen Regel sein, welche verlangt: „Alles, was ihr wollt, dass Euch die Leute thun sollen, das thut ihr ihnen auch." Man wollte diesem Wort schon öfters einen lohnsüchtigen, also egoistischen Standpunkt vorwerfen, wie er zweifellos in anderen Sätzen der urchristlichen Ethik jedenfalls nicht vorsichtig genug vermieden ist und durch die kaum vermeidliche Akkommodation an die eminent egoistische jüdische Denkungsart· völlig erklärt, ja beinahe entschuldigt wird. Der Vorwurf wird aber diessmal hinfällig, sobald wir jene Forderung lediglich als praktisch-erkenntnisstheoretischen Kanon verstehen. Alsdann trifft sie genau mit unserer Ausführung zusammen, welche schliesslich als die allein lebenswahre von jedem Standpunkt acceptirt werden muss.

Uebrigens streift eben auch Kant in seiner obigen Schlussfolgerung, deren Beleuchtung uns noch immer beschäftigt, in seiner Art ziemlich hart an diese, wie ich glaube unbillige Auffassung des genannten christlichen Kanons. Springt er doch zuletzt von der bemängelten Individualnatur der Detailerkenntniss hinsichtlich des Wohls und Weh's zum Egoismus der Gesinnung und des Handelns über, welcher damit gegeben sej. Ich sage ausdrücklich: Er springt über; denn ich muss die Berechtigung dieser Anknüpfung schon aus dem prinzipiellen

Grunde entschieden anfechten, weil Theoretisches und Ethisches ihrer Natur nach zweierlei sind. Setzen wir den Fall, dass das Subjekt von sich und allerdings zunächst nur von sich aus irgend etwas ernstlich und zuverlässig als Wohl bringend erkannt habe. Schwerlich wird nun dieser Erkenntnissort des betreffenden Guts ein Hinderniss sein, um dasselbe fortan Anderen zuzuwenden und sie zum Genussort zu machen, womit gerade das Gegentheil des Egoismus gegeben ist. Natürlich wird mich bei diesem analogischen Zuwendungsstreben wieder die stillschweigende Präsumtion alles unseres Verkehrs mit Andern leiten. Ich werde die Ueberzeugung hegen, dass dieselben nicht nur im Allgemeinen die hauptsächlichen Wesenszüge mit mir identisch haben, sondern dass sie speciell auch in der fraglichen Hinsicht mit mir harmoniren und somit die beabsichtigte Wohlthat wirklich als solche empfinden werden.

Fliessend wie die menschlichen Dinge im konkreten Leben sind, könnte diess nur dann zu einer Art von Egoismus ausschlagen, wenn Jemand in unbedachter und täppischer Gewaltthätigkeit seine eigene, ganz individuelle Natur dem Andern aufnöthigen wollte, ohne zuvor in liebevollem Eingehen die fremde Individualität erkannt und in kritischer Bescheidenheit die eigene sorgfältig geprüft zu haben. Derartiges kommt in der That als jene eigenthümliche Sorte von elterlicher oder politisch-patriarchalischer Herrschsucht vor, welche den Andern despotisch beglücken will, ohne einen Hauptzug des menschlichen Wesens, nämlich die Freiheit schonend mit in Rechnung zu nehmen; vgl. Kant V, 291. Allein diess ist doch offenbar schon mehr eine halbtheoretische Abirrung und Ausartung, welche gegen das Ganze jenes Uebertragungsverfahrens nichts besagen kann.

Mit den bisher geprüften kritisch-formalen Einwänden gegen jede materiale Bestimmung des sittlichen Prinzips ist es nahe verwandt und präsentirt sich fast nur wie eine andere Wendung derselben, wenn Kant wiederholt auf folgenden Uebelstand des „Glückseligkeitsgedankens" hinweist. Darüber, was denn eigentlich wahres Glück und Unglück sei, herrsche bei den Menschen die grösste Ungewissheit. Ob es überhaupt ein gemeinsames Ideal der Glückseligkeit gebe? Und wenn je, so stelle die Auffindung der richtigen Formel für dasselbe geradezu eine unendliche Aufgabe vor, welche nirgends in der Wirklichkeit als gelöst betrachtet werden könne; denn sie sei in ein undurchdringliches Dunkel gehüllt. „Was dagegen nach dem Prinzip der Autonomie zu thun sei, ist für den gemeinsten Verstand ganz leicht und ohne Bedenken einzusehen, und dem kategorischen Gebote der Sittlichkeit Genüge zu leisten, steht in eines Jeden Gewalt zu aller Zeit" IV, 138 f.

Eine nüchterne Erwägung muss hiegegen einwenden, dass beide Seiten dieses aufgestellten Gegensatzes in etwas abstrakter und kaum mehr wirklichkeitsgemässer Weise überspannt sein dürften. Sind denn faktisch die Menschen in so völliger Unkenntniss darüber, was Glück und Unglück sei? Sie mögen praktisch noch so sehr abirren; aber an der theoretischen Einsicht fehlt es keineswegs, was wenigstens die Hauptpunkte zumal in einfacheren Verhältnissen anlangt. Auch sie weiss „der einfachste Verstand eines Jeden" so gut als die Forderungen des Sittengesetzes zu erfassen; denn selbstverständlich kommt für die Ethik zunächst nicht in Betracht, was völlig ausser aller Berechenbarkeit und Voraussicht liegt und uns als Glück oder Unglück nur zufällt. Ethisch interessirt vom Standpunkt des aktiven Wollens und Thuns nur dasjenige Glück oder Unglück, welches wir selbst nach klarer Voraussicht und zuverlässiger Erfahrung mit diesem oder jenem ehrlichen Wollen und Handeln spontan zu Wege bringen können. Und darüber wenigstens kann man sich genügend auskennen, so gewiss auch das Leben, wenn wir alle Erfolge miteinschliessen, ein fortlaufendes grosses Experiment bleibt. Ob aber wohl irgend ein anderes Moralprinzip diese eherne Signatur der endlichen Wirklichkeit definitiv von sich und seiner Ausführung ferne zu halten vermag?

Auf der anderen Seite kann aber auch von den Geboten des Sittengesetzes keine völlige Sicherheit und unwandelbare Stabilität zu allen Zeiten ausgesagt werden, wenigstens sobald wir bei ihnen irgend an konkretere Detailnormen und materialere Anweisungen für unser Handeln denken, wie diess im Zusammenhang des Kant'schen Einwands unerlässlich ist. Um ihn zu widerlegen, pflegt man gewöhnlich auf die Thatsache des sogenannten irrenden Gewissens hinzuweisen, wie es sich nicht blos bei Einzelnen, sondern sogar bei ganzen Zeiten und Völkern vielfach zeige. Ja schliesslich dehne sich diess auf die Menschheit als solche aus, welche im Theoretischen und nicht minder im Praktischen „irre, so lange sie strebe". Diese Entgegnung ist inhaltlich richtig, aber formell und historisch betrachtet gegenüber von Kant doch nicht ganz korrekt, sofern derselbe mit dem Wort „Gewissen" einen ziemlich viel engeren Sinn, als den hier vorausgesetzten verbindet. Bei ihm bedeutet das Gewissen eine lediglich formale und subjective Reflexfunktion, welche meinem Thun nachfolgt und einzig darüber urtheilt, ob ich aus Pflichtbewusstsein gehandelt habe oder nicht, ohne irgend auch material oder objectiv zu sagen, was Pflicht sei. Insofern lässt sich immerhin begreifen, warum er bekanntlich kategorisch erklärt, dass es gar kein irrendes Gewissen gebe V, 226 f. Uebrigens hält er diess nicht konsequent fest, wenn er öfters bemerkt, dass wir durch die eingehendste Eigenbeobachtung nie mit vollkommener Sicherheit wissen können, ob wirklich das Pflichtgebot den einzigen Beweggrund für uns gebildet habe, oder ob nicht vielleicht andere, heteronomische Motive mituntergelaufen seien IV, 27.

Lassen wir also das fallen und setzen statt des mehrdeutigen Worts „Gewissen" das Sittengesetz, welches auch vor der That gebietet, was geschehen solle. So gewiss wir nun zu Eingang dieses Abschnitts das Sollen in seinem letzten Grund als schlechthin apriorisch oder als ur- und eigengeistig zugestanden haben, so fest müssen wir, wie schon gestreift wurde, an der eigenen Lehre des theoretischen Kritikers Kant halten und alles Apriori nur als einen gewissen Grundzug denken, welcher an sich noch ganz unbestimmt ist und erst der näheren Ausfüllung durch das konkrete Leben wartet. Von einem irgend kodificirten eisernen Bestand an fertigem ethischen Wissen, den die Menschheit von Anfang an in sich getragen hätte, kann in der That keine Rede sein. Wir bezeichnen heutigen Tags mit unserem moralischen Bewusstsein — oder Gewissen im gewöhnlich üblichen Sinn — einen grösseren oder kleineren Complex von sittlichen Einsichten und Gefühlen. Durch Eingewohntheit von Jugend auf scheint uns derselbe allerdings nunmehr ein selbstverständlicher zu sein; denn er ist uns wenigstens als Wissen zur andern Natur geworden, ob wir darnach thun oder nicht. Aber desshalb ist es doch für die unbefangene Nüchternheit eine andere Natur, welche allmählig im Laufe der Jahrhunderte und Dank der Entwicklung von vielen Generationen so geworden ist und sich zu einem ethischen Menschheitsbesitz gestaltet hat. Von Anfang an wirkte der eigengeistige sittliche Faktor als Herzpunkt und spornendes Ideal mit; aber neben ihm gaben gar manche andere Faktoren, insbesondere auch der Fortschritt in der theoretischen Einsicht und der ganzen Weltauffassung, sowie die steigend sich verfeinernde Sozial- und Geschichtserfahrung ihren Beitrag.

Zur bessern Vereinbarung mit Kant lässt sich die Sache vielleicht unter Zuhülfenahme der theologisch-ethischen Termini auch so fassen: Das Ursprüngliche ist allerdings für konkrete Fälle die conscientia consequens oder das Gewissensurtheil nach der That. Aber durch Wiederholung seiner Verdikte bilden sich im Laufe der Zeit Praecedenzen, oder es macht sich die conscientia antecedens als die Summe früherer moralischer Urtheile — in diesem Sinne Vor-Urtheile der Menschheit. Sie geben fortan vor der That schon die Anweisung aufs Richtige, so dass der Mensch nicht mehr ethisch führerlos in der Welt daher geht, oder das Seinsollende immer erst zu spät erfährt. Nothwendig wird auch in diesem Falle das individuelle

Gewissen sein Placet noch extra zu geben haben, damit die Sache nicht jenes blos theoretische Wissen-mit-Anderen statt des ächten Gewissens bleibe. Allein das letztere ist durch das bereits etablirte Urtheil der Mitmenschheit zur persönlichen Entscheidung aufgefordert und durch die theoretisch-praktische Beleuchtung der Frage von Seiten Anderer auch zu einer Antwort befähigt. So wird es dieselbe rasch und entschieden geben können oder sich schnell in die ethische Errungenschaft der Vorgeschichte persönlich einleben, während es ohne eine derartige Anregung und Vorarbeit entweder ganz schwiege oder für sich allein noch unsicher tastete. Diess vorbehalten wird der material-konkrete Gehalt des Gewissens in der That als Entwicklungssache und nicht als Urbesitz zu bezeichnen sein.

Auf diese Weise nähern sich die beiden Glieder des allzugespannten Gegensatzes von Glückseligkeits- und Sittlichkeitserkenntniss dergestalt, dass sie den erheblichen Gegensatz gar nicht mehr bilden, welchen Kants Bedenken betont hatte.

Hiermit dürften also auch wir das Apriori des Ethischen mit der entsprechenden Forderung der Allgemeingültigkeit und Nothwendigkeit gewahrt haben, indem wir zugleich dem Aposteriori sein Recht geben, wie es nun einmal von der klaren Wirklichkeit gefordert und nicht minder von den Grundsätzen des Kritizismus zugelassen ist.

Trotzdem würde uns wohl Kant entgegnen, dass diese ganze Einzelvertheidigung nichts helfe, sofern in unserer Fassung des sittlichen Apriori von Anfang an ein prinzipieller Fehler enthalten sei. Wenn wir im ethischen Prinzip die Materialbestimmung oder die Beziehung auf Wohl auch noch so allgemein und unbestimmt fassen, so seien eben material und apriori Begriffe von unvereinbarer Gegensätzlichkeit, was wir übersehen oder zu verhüllen suchen. Nun ist ja bekannt, welche grosse und überall durchgreifende Rolle im ganzen System unseres Philosophen diese Arbeitstheilung spielt, wonach alle Form Sache des Subjekts oder Ich und Apriori, aller Stoff dagegen

Beitrag des Nicht-Ich oder Aposteriori ist. Unleugbar hat diese resolute und reinliche Gebietstheilung, welche an Locke anknüpft, seinerzeit ihr Gutes gehabt, um gegenüber von manchen Unklarheiten und fliessenden Zweideutigkeiten nur einmal Ordnung zu schaffen. An sich aber und auf die Dauer dürfte sie denn doch an einer unhaltbar dualistischen Abstraktheit leiden, in welcher gar manche Mängel des Kant'schen Denkens ihre Erklärung finden. Sind im Theoretischen und Praktischen der subjektivapriorische und der objektiv-aposteriorische Faktor zur lebendigen Ineinsbildung bestimmt, so dürfen sie sich nicht von vorneherein wie A und non-A verhalten; sonst bleiben sie sich allezeit total äusserlich. Es kann z. B. Nichts in eine „Form" fallen oder in sie befasst werden, was seiner Natur nach mit dieser Form auch nicht das Entfernteste zu schaffen hat, wie man sich unter Anderem vielfach das Verhältniss des Dingsansich zur Raumanschauungsform dachte. Will man überhaupt die Termini Form und Stoff für den vorliegenden Fall beibehalten, so müssen jedenfalls beide Begriffe in ein viel fliessenderes und dialektischeres Verhältniss zu einander gesetzt werden. Man muss hin und her eine innere Verwandtschaft oder Vergleichbarkeit und eine gegenseitige Annäherung annehmen, um hinterher den wirklichen Zusammenschluss herauszubringen. Eben diess haben wir gethan, indem wir schon in das ethische Prinzip oder Apriori das Moment des Wohls wenn auch ganz allgemein und unbestimmt aufnahmen, um ihm die konkrete Bestimmung und nähere Detailirung in der beherrschenden Bezugnahme zu den wesensverwandten, weil gleichfalls auf Wohl gerichteten empirischen Willensregungen zukommen zu lassen. Und insofern glauben wir durch unsere leicht materiale Wendung das Apriori nicht alterirt, sondern nur lebenswahrer und brauchbarer für den weiteren Verlauf gefasst zu haben.

Diese Sätze, welche allerdings selbst etwas abstrakt oder gar abstrus klingen, werden ihre nähere Verdeutlichung sogleich erhalten, wenn wir uns nunmehr von den kritischformalen Bedenken Kant's gegen das Wohlprinzip zu den mehr inhaltlichen, psychologisch-metaphysischen Ausstellungen wenden, welche er demselben mit Hinsicht auf seine ethische Bestimmung machen zu müssen glaubt. Wie sich der Leser erinnern wird, so konnten und mussten wir unserem Philosophen früher mit Aufrichtigkeit und voller Ueberzeugung beistimmen, als er den Egoismus durch alle Schlupfwinkel und Maskirungen hindurch Schritt für Schritt mit ausdauernder Energie verfolgte. Erst auf der letzten Station trennten sich unsere Wege. Es war bei dem selbstlosen Glückseligkeitsstreben für Andere oder bei dem universalen Wohlwollen. Nennen wir dasselbe nunmehr vollends mit seinem gewöhnlichen und allbekannten psychologisch-ethischen Namen, so ist es die Liebe als allgemeine Menschen- resp. Wesensliebe. Ihr vermochten wir unsere volle sittliche Billigung oder das Urtheil nicht mehr zu versagen, dass sie mit dem Guten selbst genau identisch sei. Kant dagegen glaubte auch sie noch in das umfassende Verwerfungsurtheil über den Eudämonismus als ein materiales Moralprinzip miteinschliessen zu sollen, obwohl allerdings seine Aussprüche über sie der Natur der Sache nach nicht immer ganz gleich lauten, sondern mancherlei Schwankungen und einen gewissen Mangel an sicherer Konsequenz verrathen.

Halten wir uns indessen zunächst an bestimmte und ausdrückliche Erklärungen von ihm, so hat er gegen die Liebe vor Allem das inhaltlich-psychologische Bedenken, dass sie zugestandener Massen eine Sache der Empfindung sei; und schon desshalb eigne sie sich nicht zum Prinzip des Guten, V. 228. Denn die Empfindung, führt er aus, ist etwas Passives; sie kommt an und über den Menschen ohne sein Wissen und Wollen. So könne man denn auch bekanntlich Keinem die Liebe anbefehlen, sondern müsse abwarten, ob sie sich einstellt oder ausbleibt. Wäre sie also das innerste Wesen des Guten, so würde dasselbe der kompleten Zufälligkeit wechselnder Gefühle preisgegeben, während es doch umgekehrt das sittlich Nothwendige im vollsten Sinne ist und Jedermanns Willen als Pflicht und Schuldigkeit muss zugemuthet werden können.

Wer die Liebe als das Höchste preist, der nimmt somit dem Sittlichen seinen imperativen Ernst und sein kategorisches Mark; er verwandelt es in eine Gabe der Natur und der beliebigen Umstände, in eine wildwachsende Pflanze, womit der glückliche Finder und Besitzer ohne wahres Verdienst und Würdigkeit sich Wunder was dünkt. Wir erhalten mit Einem Wort auf praktischem Gebiet die fatale Verwandlung der Arbeit in Spiel und jenes süssliche Tändeln mit anfliegenden und aufwallenden Empfindungen oder Stimmungen, welche vor dem oberflächlichen Blicke glänzen, ohne irgend ächtes Gold und eigener saurer Erwerb zu sein. Wenn ein so ruhiger und besonnener Mann wie Kant derartige Ausführungen zum Theil mit ungewöhnlicher Erregung gibt, bei welcher ethischer Zorn und beissender Spott mit einander abwechseln, so findet diess seine nächste und natürlichste Erklärung durch den Typus der Zeit, in welcher er lebte und wirkte. Und gegen ihn bildete er unter allen Umständen, selbst wenn er über das Ziel hinausschoss, eine höchst berechtigte und werthvolle Opposition. War es doch die bekannte Sturm- und Drangperiode mit ihrer Rousseau'schen Empfindungsüberfülle und thränenseligen Sentimentalität, eine Zeit des flachsten Pelagianismus, welcher alle Menschen für geborene Engel ansah und in der Anbetung des guten Herzens oder der schönen Seele schwelgte. Eine solche Hypertrophie des Empfindungsvermögens und des süsslichen Liebes- oder Freundschaftskultus' bedurfte in der That des kerngesunden Arztes, als was ihr Kant entgegentrat. In ähnlicher Weise pflegt erfahrungsmässig namentlich die Misère der tausenderlei Frauenkrankheiten und der faullenzerisch-nervösen Hysterie eine gewisse derbe Härte und Rücksichtslosigkeit des ewig anlamentirten Mediziners zu provoziren.

Auf geistigem Gebiet hatte die schallose Empfindsamkeit jener Werther-Zeit nicht nur alles Mass in sich selbst verloren, sondern sie vergass auch ebendamit, dass ihre Art in bescheidenen Grenzen höchstens die Basis des Guten und noch lange nicht mehr sei. Aus einer solchen Umgebung heraus spricht die Kritik der praktischen Vernunft, wenn sie einmal mit markigen Worten sagt: „In unseren Zeiten, wo man mehr mit schmelzenden weichherzigen Gefühlen oder hochfliegenden, aufblähenden und das Herz eher welk, als stark machenden Anmassungen über das Gemüth mehr auszurichten hofft, als durch die der menschlichen Unvollkommenheit und dem Fortschritt im Guten angemessenere trockene und ernsthafte Vorstellung der Pflicht, ist die Hinweisung auf diese Methode (des kategorischen Imperativ) nöthiger als jemals" IV, 282. Treffend formulirt diess Schiller dahin, dass Kant der Drakon seiner Zeit habe sein müssen, weil sie für einen Solon noch nicht reif war.

Im Anschluss an dieses feine Urtheil glaube ich, dass Kant in der That auch hier wieder ein vollkommen berechtigtes Interesse überspannt und das Richtige deshalb nicht ganz getroffen hat, weil er es, abgestossen von dem vulgären Treiben seiner Zeit allzuhoch suchte. Die wildwachsende Gutmüthigkeit oder Gutartigkeit des natürlichen Herzens findet vor seinen Augen keine Gnade, wenn sie sich für das wahrhaft Gute ausgeben will. Wir können ihm darin in der Hauptsache gerne beistimmen, obwohl sich nachher noch Gelegenheit zu einer einschränkenden Bemerkung bieten wird. Allein folgt denn nun aus der Zurückweisung dieses ethischen Naturalismus, dass an seine Stelle scharf ausgedrückt etwas Unnatürliches gesetzt werden müsse, wozu sich Kant unleugbar hinneigt?

Zwar fehlt es auch bei ihm nicht an gelegentlichen Andeutungen des Richtigen, wozu ich besonders die bei ihm merkwürdige Stelle V, 295 rechne, an welcher er sagt: „Ob zwar Mitleid und so auch Mitfreude mit Andern zu haben, an sich selbst nicht Pflicht ist, so ist doch thätige Theilnahme an ihrem Schicksale Pflicht, und zu dem Ende also die mitleidigen natürlichen (ästhetischen) Gefühle in uns zu kultiviren und sie als soviele Mittel zur Theilnehmung aus moralischen Grundsätzen und dem ihnen gemässen Gefühl zu benutzen, wenigstens indirekte Pflicht. So ist es Pflicht, nicht die Stellen, wo sich Arme befinden, denen das Nothwendigste abgeht, zu umgehen, sondern sie aufzusuchen; nicht die Krankenstuben oder die Gefängnisse der Schuldner und dergl. zu fliehen, um dem schmerzhaften Mitgefühl, dessen man sich nicht erwehren könne, auszuweichen; weil dieses doch einer der in uns von der Natur gelegten Antriebe ist, dasjenige zu thun, was die Pflichtvorstellung für sich allein nicht ausrichten würde".

Diese Sätze sind für uns in der Hauptsache ganz brauchbar; nur müssen sie viel resoluter verfolgt werden, als Kant in seiner Scheu vor jeder naturalistischen Verweichlichung des Sittlichen es wagte. Denn offenbar gibt es ja zwischen bloser Natur und Unnatur noch ein Drittes, in welchem genau das Wahre liegt. Ich meine eben jene Kultur des Natürlichen, die arbeitende Pflege und sichtende Hegung desselben, wodurch es zuletzt zu einer anderen Natur zweiten Grads wird. Die natürlichen Regungen und Triebe nämlich, welche das unmittelbare Material der sittlichen Arbeit bilden, haben nach Schopenhauer's treffendem Ausdruck auch eine metaphysische Seite an sich, vermöge welcher sie eben ethisirbar sind und sich in eine höhere, als die blos natürliche Sphäre ihres unmittelbaren Daseins herautheben lassen.

Insbesondere kommt für unseren Zusammenhang in Betracht, dass der sociale Zug oder der Keim der Liebe einem jeden Menschen von Natur und von Haus aus eignet. In seiner elementarsten Form ist es das Mitfühlen mit fremden Wesen in Leid und Freude, welches sich ohne künstliche Verkümmerung unfehlbar von selbst einstellt oder die communio sentiendi necessaria bildet, von der Kant selbst ganz treffend spricht V, 294. Sie braucht eben deshalb gar nicht befohlen zu werden und liesse sich allerdings auch durch keinen Befehl erzwingen oder original erzeugen, wenn sie einem Wesen von Natur schlechthin fehlte. Wohl aber kann und wird die ethische Forderung dahin gehen, diese communio sentiendi necessaria zu einer communio libera zu machen, von welcher Kant weiter redet und zugibt, dass sie nunmehr der sittlichen Verbindlichkeit unterliege oder verlangt werden könne. Allein die letztere communio ist nichts absolut Neues und Eigenartiges gegenüber von der ersteren, sondern nur diese selbst, aus der unmittelbaren und unfreiwilligen Empfindung in die Sphäre der Freiheit erhoben, zur klarbewussten und stetig gewollten Empfindung gemacht und weiterhin, wozu gleichfalls in ihr selbst der Ansatz liegt, namentlich auch aus der Passion der blossen Empfindung zur Reaktion des entsprechenden thatkräftigen Wollens und Handelns fortentwickelt. Es hat also einen ganz guten und vernünftigen Sinn, wenn man verlangt: Du sollst den natürlichen Zug der Liebe, welchen du wie jedes normale Menschenwesen in dir vorfindest, ja fein nicht unterdrücken und schädigen, sondern im Gegentheil als die edelste unter deinen natürlichen Regungen hegen, pflegen und bevorzugen, damit sie durch Aufnahme in deinen vernünftigen Willen und durch Verwachsen mit ihm das gute Prinzip deines ganzen Lebens und Strebens werde.

Wir sprachen früher vom Grundwillen oder Gewissen mit seiner Forderung des universellen Wohlwollens und hatten daran sozusagen das überpersönlich Gute. Die dem Guten zugewandte, weil innerlich verwandte natürliche Regung der Sympathie können wir vielleicht das noch unterpersönliche Gute nennen. Jenes Verlangen, die natürliche Regung in der bezeichneten Weise zu ethisiren, will nun nichts Anderes, als durch den freithätigen Zusammenschluss beider Seiten genau das persönlich Gute herstellen. Insofern wird die Liebe in der That als Gebot und als etwas auftreten dürfen, das gefordert, weil gelernt werden kann. Gefordert und gelernt wird sie nicht als erste Natur, sondern in dieser Form ist sie gegeben und wird ob auch noch so keimartig vorgefunden; aber gefordert und gelernt wird deren Erhebung zur zweiten höheren Natur, zum freien Erwerb und furchtbringenden Besitz der sittlich an sich arbeitenden Persönlichkeit.

Nur bei einer derartigen und wie ich glaube lebenswahren Anschauung über das Verhältniss des sittlichen Prinzips, des Gewissens oder Sittengesetzes, zu dem System der natürlichen Regungen und Triebe ist es auch möglich, die erforderliche Ganzheit und Harmonie der ethischen

Entwicklung oder Charakterbildung herauszubringen. Kants Moral dagegen verwirft in ihrer überschiessenden Antipathie gegen das blos Natürliche ersten Grads meist und überwiegend auch die andere freiangebildete Natur und bleibt damit in jenem so oft gerügten Dualismus von Sollen und Sein definitiv hängen. Denn sie nimmt von Anfang an zwischen dem sittlichen Prinzip als der Form einerseits und dem natürlichen Wesen als seinem unmittelbaren Objekt oder dem Stoffe andererseits keine innere Beziehung und Berührungsmöglichkeit an, wie wir es hiermit thaten. Allerdings verdient Etwas den vollen Namen des Guten erst dann, wenn es durch die kontrollirende, reinigende und festigende Instanz des Sittengesetzes hindurchgegangen ist; oder mit andern Worten ist Alles zum Mindesten sittlich mangelhaft, was nicht vom Gewissen gutgeheissen und gebilligt wurde. Aber wohlbemerkt: ich sage, es wird gut geheissen und billigend als gut anerkannt; also liegt diese Qualität dem Keime nach schon in seiner eigenen Natur, und daher fällt ihm die Billigung des mit ihm harmonirenden Gewissens zu; nicht aber wird ihm das Gutsein als solches durch den Spruch des Gewissens erstmals im strengen Sinne gegeben und gewissermassen äusserlich angehängt, an welche mangelhafte Auffassung Kant zuweilen nahe anstreifen dürfte.

Durch diese Darlegungen dürfte es uns wohl gelungen sein, die Liebe trotz ihres ursprünglichen Empfindungscharakters als ganz brauchbares ethisches Prinzip zu erweisen. Denn auf der geforderten höheren Stufe ist sie in der That nicht mehr blos Empfindungssache, sondern muss weit eher als vernünftige Willensrichtung auf der Basis der stets mitklingenden Empfindung bezeichnet werden. Am richtigsten heisst sie dann Gesinnung oder Gemüth und ist somit als eine ungetheilte Centralfunktion des ganzen Geistes anzusehen, welche psychologische Weite der Bestimmung sich für das Kardinalmoment des Guten eben schickt.

Allein nun erhebt der formale Rigorismus, wie wir an der Spitze bereits kurz ankündigten, noch einen zweiten und weit bedenklicheren Einwand, welcher nach unserer gemeinsamen Verwerfung des Egoismus die Liebe geradezu ins Herz zu treffen scheint, so dass alle bisherige Aussenvertheidigung schliesslich doch vergeblich wäre. Wir führten oben die kategorische Erklärung Kant's an, dass aller Eudämonismus praktischer Egoismus sei. Nach seinem, wie nach unserem Sprachgebrauch von Eudämonismus ist durch dieses so umfassende Verdikt offenbar auch die Liebe mitgetroffen, von welcher wir bisher rühmend sprachen und die wir ohne Anstand mit dem selbstlosen Eudämonismus identisch setzten.

In der That spricht es Kant zwar nicht gerade mit platten und dürren Worten aus, deutet aber dennoch an vielen Stellen verständlich genug an, dass eine derartige Mitverwerfung der Liebe schliesslich seine wahre Meinung sei. Denken wir uns nämlich den Fall, dass ich Etwas aus Liebe zu Anderen oder aus Freude am Ziel und Erfolg meines Strebens für sie thue, so thue ich es, wie er argwöhnt, in Wahrheit doch mir selbst zu lieb. Der wahre Beweggrund sei auch dann noch meine eigene Lust, oder bei der Hebung fremden Weh's die Wegschaffung meines eigenen sympathischen Schmerzes. Alles Wohlwollen enthülle sich vor der unerbittlich strengen Analyse als Selbstgenuss, alles Mitleid als Selbstleid, welches sich aus Anlass und bei Gelegenheit eines fremden Leids entwickele. Das Interesse des Andern bilde sozusagen das Brennmaterial oder den Feuerherd meiner eigenen Erwärmung und sei demnach blos das selbstlose Mittel für den selbstischen Zweck. Sagen wir es also — nach Kant — frei heraus: Auch die Liebe ist verkappter Egoismus und muss somit jedenfalls aus der Motivirung meines Handelns gänzlich ferne gehalten werden.

Hier ist nun genau der Ort, wo die bekannten Spottverse des treuen, aber selbständigen Kantianers Schiller einsetzen:

„Gerne dien' ich den Freunden; doch thu' ich es leider mit Neigung;
Und so wurmt es mich oft, dass ich nicht tugendhaft bin."
Da ist kein anderer Rath, du musst suchen, sie zu verachten,
Und mit Abscheu alsdann thun, wie die Pflicht dir gebeut.

Der Spott ist berechtigt! Denn in der That verstösst die letzte Konsequenz Kant's gegen alles natürliche und unverkünstelte Gefühl; sie erscheint als ein barockes Paradoxon, welches die sittliche Welt auf den Kopf stellt und aus weiss schwarz macht. Allein bekanntlich war es dem edlen Manne damit heiliger Ernst, und nichts lag ihm ferner, als jene muthwillig sophistische Lust am Paradoxen oder gar die cynische Freude, welche das Ideale mit Wonne in den Staub zieht. Verbunden mit der letzteren Gesinnung finden wir allerdings dem Worte nach fast die gleichen Sätze bei mehreren unter den französischen Encyklopädisten des vorigen Jahrhunderts. Ihrer nihilistischen Geisteschemie war es ein Hochgenuss, alle Liebe in feine Selbstsucht zu zersetzen. Hiernach entdeckten sie in der Vaterlandsliebe oder in der Freundschaft und in allen ähnlichen Idealitäten jenen vermeintlich allein wahren und soliden Bodensatz als die Quintessenz und des Pudels Kern. Die Selbstsucht ist, wie sie offen erklären, de facto das einzig treibende Motiv in der Welt, also ist sie es auch de jure; denn es versteht sich ja für den soliden Empiriker von selbst, dass das schlechthin Natürliche und Wirkliche mit dem Wahren und Richtigen sich restlos deckt.

Unser Kant gewinnt aus verwandter Grundanschauung genau die entgegengesetzte Folgerung. Auch ihm will die Liebe doch am Ende nur als die feinste Maskirung der Selbstsucht erscheinen, also — ist sie aus der Motivirung des Willens oder gar aus dem Leben überhaupt unerbittlich zu verbannen, sofern ja Selbstsucht „das gerade Widerspiel" des Seinsollenden oder Sittlichen bildet.

Wenn bei so diametral entgegengesetzter Gesinnung und Folgerung die Prämisse in beiden Lagern so ähnlich ist, dann muss uns dies jedenfalls stutzig machen. Sollte am Ende doch wenigstens ein Stück Wahrheit in jener gemeinsamen Position stecken, indem mit dem Einen Terminus „Liebe" Erscheinungen und Gesinnungen von ganz verschiedenem Werth bezeichnet würden, unter welchen die geringeren leicht auch die besseren in Verdacht bringen? Es versteht sich zwar von selbst, dass uns hier so klare

Specifica, wie die geschlechtliche Liebe oder ähnliche Verhältnisse von exklusiver Eigenart zunächst gar nicht beschäftigen. Allein selbst dies vorausgesetzt könnte am Ende sogar dasjenige Gute, welches wir unter dem Namen der allgemeinmenschlichen Liebe befassen, wirklich gewisse elementare Formen und Vorstufen besitzen, welche die Handhabe bieten, um auch das entwickelte und gereinigte Ganze in jener Weise zu diskreditiren und des feineren Egoismus bezüchtigen zu machen.

Zwar wird es uns von Anfang an durch das natürliche Gefühl mit unerschütterlicher Sicherheit verbürgt, dass daneben ein weitüberschiessender Rest vorhanden sei. Wenn derselbe trotzdem von entgegengesetzten ethischen Standpunkten aus übersehen werden konnte, so wirkte dabei vielleicht fürs Zweite eine tiefersitzende allgemeine Denkweise und Geistesrichtung jener Zeit mit. Es war möglicherweise neben allem Anderen ein weitverbreitetes psychologisch-metaphysisches Generalvorurtheil, was der Würdigung der ächten Liebe mit im Wege stand und dessen richtigstellende Aufdeckung unserer Kritik zuletzt noch obliegt.

Blicken wir unbefangen ins wirkliche Leben, so begegnet uns allerdings gar zahlreich, was wir oben vermutheten: ich meine jene noch recht elementaren und zweifelhaften Formen des Wohlwollens insbesondere in seiner negativen Gestalt als Mitleid. Fremdes Wehe mitanzusehen, ist Einem ein persönlich fataler Anblick. Dasselbe legt sich wie ein drückender Alp auf die eigene frohgemuthe Stimmung und stört die harmlose Lust des Daseins, welcher man sich sonst gerne hingeben möchte. Also weicht man womöglich derartigen Missklängen der Welt als persönlich störenden Situationen ganz aus, um nicht vom fremden Schmerz in Mitleidenschaft gezogen und sozusagen angesteckt zu werden, wie vom fremden Gähnen, wenn wir Andere gähnen sehen (vgl. Kant IV, 125). Geht das Ausweichen nicht an, so sucht man sich wenigstens dieses Mitschmerzes so rasch und kurzabmachend als möglich durch helfende Unterstützung des leidenden Anderen zu entledigen oder sich selbst den Mitschmerz gewissermassen abzukaufen. Was sollen wir im Punkte des Egoismus, auf welchen wir hier fahnden, von derartigen Stimmungen halten und urtheilen, welche wir unter einem etwas anderen Gesichtspunkte schon einmal zu berühren hatten? So, wie ich sie absichtlich schilderte, ist ihr stark selbstischer Charakter unverkennbar; ich möchte sie geradezu den sehr häufigen Egoismus des empfindsamen oder sentimentalangelegten Herzens nennen und sagen, dass hier das sich regende Gute leider schon im Keime umgebogen und der Hauptsache nach verdorben erscheint. Denn an und für sich wären solche moralisch-pathologische Regungen der sympathischen Theilnahme, wie ich oben schon anstreifte, immerhin als die erste Naturetappe auf dem Weg zur Ueberwindung des eigentlichen Egoismus zu bezeichnen. Gewiss sind sie auf der Stufe der blosen Natürlichkeit noch keine wahrhaft ethische Wirklichkeit oder nichts, was schon ganz streng genommen unter die sittliche Taxation fällt. Aber dennoch dürfen wir sie als eine bedeutsame ethische Möglichkeit anerkennen, aus welcher eventuell etwas Rechtes werden kann. Sie sind jedenfalls der Naturboden des Guten, wenn auch noch nicht mehr. Dies wird durch den Kontrast klar. Man nehme auf der Einen Seite ein Gemüth, das bei fremdem Wehe sogleich aufwallt und unwillkürlich beispringt, wenn geholfen werden kann. Auf der anderen Seite stehe eine zugeknöpfte Herzlosigkeit mit dem stillschweigenden schnöden Lebensmotto: Was gehet das mich an? Da sehe du zu! Welches von Beiden ist nun die edlere Natur, von der wir uns ethisch mehr versprechen können? Das Urtheil des unverkünstelten Bewusstseins wird keinen Augenblick mit der Antwort schwanken oder zögern.

  Kant freilich ist in der eisernen Konsequenz seines einmal angenommenen abstrakten Formalismus etwas anderer Ansicht, wenn z. B. die „Anthropologie" gelegentlich den merkwürdigen, allerdings nicht ganz deutlichen Satz ausspricht: „Die Bösartigkeit als Temperamentsanlage ist doch weniger schlimm, als die Gutartigkeit der letzteren ohne

Charakter. Denn durch den letzteren kann man über die erstere die Oberhand gewinnen" X, 326. Ganz Aehnliches lesen wir IV, 16 f., während allerdings die oben citirte Stelle über die Pflege der mitleidigen Naturanlage einigermassen aus der Rolle fällt. Soviel ist immerhin dem strengen Moralisten im Anschluss an Früheres zuzugeben, dass die eben geschilderten Regungen als eine Art von geistigen Reflexbewegungen zunächst lediglich aufwallende Passionen sind; daher treten sie stossweise, unbedacht und inkonsequent auf. Bei einem schwereren Falle, welcher ernstliche persönliche Opfer kostet, werden sie sehr schwerlich Stich und Stand halten, sondern sich als flackerndes Strohfeuer erweisen, das keine nachhaltige Wärme gibt. Es fehlt ihnen vorerst die Festigkeit und Klarheit eines vernünftigaktiven Prinzips. Darum werden sie meist sogleich bei dem positiven Korrelat des Mitleids, nämlich bei der Mitfreude mankiren und an deren Statt leicht den hässlichen Neid produciren. Die Sprache ist auch hier wieder sehr fein. Indem sie in ihrer haushälterischen Art nur descriptiv verfährt oder die überwiegende Wirklichkeit schildert, hält sie den weniger kouranten Artikel der „Mitfreude" eigentlich nicht auf Lager, sondern begnügt sich mit dem weit mehr üblichen, weil leichteren „Mitleid". Diese unleugbaren Mängel seiner blosen Natürlichkeit sind denn auch der Grund, warum das sympathische Mitgefühl so leicht und häufig in jenen sentimentalen Egoismus umgebogen werden kann, mit welchem wir begannen und dem allerdings auch wir die ethische Billigung trotz seiner scheinbaren Annäherung an das Wahre noch versagen müssen.

Entschieden höher, als jene erste Stufe steht bereits die Eltern- und Verwandtenliebe, welche sich ihrem Wesen nach von der geschlechtlichen Liebe genügend unterscheidet, um in unserem Stufengang gelegentlich verwendet zu werden. Normaler Weise ist sie 'eine konstante Richtung von prinzipieller Entschiedenheit, in was sich eben ihre Erhebung aus der ganz elementaren Basis in die höhere Region des geistigen Lebens offenbart. Können wir sie noch Egoismus nennen oder nicht? Auch hier wieder möchte ich, nur aus etwas anderen Gründen, mit Ja und Nein zugleich antworten, also abermals eine Mittelform von Egoismus und Nichtegoismus erblicken. Denn das volle konkrete Leben weiss die Gegensätze ganz anders zu verflechten und weit feinere chemische Verbindungen herzustellen, als sie unser relativ hölzernes Denken nachzukonstruiren vermag. Man kann also meinethalb im obigen Falle von Egoismus reden, indem Kinder oder nahe Verwandte immerhin ein „Stück" von uns selbst sind. Und doch sind sie eben nicht wir selbst, sondern diskrete Persönlichkeiten für sich. Wenn wir uns thätig um ihr Wohl und Wehe bemühen, so zeigt die psychologisch-ethische Selbstbeobachtung unwidersprechlich, dass gegenüber von den obigen Aufwallungen der sentimental mitempfindenden Naturgutmüthigkeit das eigene Selbst hier wieder um ein ganz Beträchtliches weiter zurückgetreten ist. An eigene Lust oder Schmerz denken wir jetzt doch eigentlich nicht mehr, sondern der Schwerpunkt des Interesses ist bereits fast ganz in das Sein des Anderen hinüberverlegt. Jenes eventuelle „Ausdemwegegehen" vor dem Wehe des Theilnahmebedürftigen, welches für die wahre Gesinnung so verrätherisch ist, wird hier gewiss keine Stätte mehr finden, sondern es wird genau das Gegentheil der Fall sein, solange irgend noch die entfernteste Hoffnung des Helfenkönnens vorliegt. Sogar die grössten persönlichen Opfer werden unter Umständen als Feuerprobe die hohe Lauterkeit der Gesinnung bewähren.

Um der mächtigen Naturverbundenheit willen, welche dabei mitwirkt, wollen wir immerhin auch Derartiges noch nicht dem eigentlich Sittlichguten gleichstellen; wohl aber bezeichnen wir es als das vollkommene Naturgute. Wenn irgend Etwas, so ist dies die hochwichtige Naturschule, in welcher die Ueberwindung des menschlichoriginalen Egoismus überhaupt gelernt wird. Ob nicht die überwiegende Erfahrung an den Ehelosen einiger Massen dafür spricht? Vielleicht lässt sich Ehe und Familie völlig unter diesen ethischen Kardinalgesichtspunkt stellen und von ihnen sagen, dass die Natur als weise Pädagogin es trefflich eingerichtet hat, wenn sie die centrale sittliche Aufgabe der Selbstverleugnung durch eine lockend eingegebene Mittel- und Mischform von Egoismus und Nichtegoismus erleichternd anbahnt. Nun soll aber auch noch die letzte Spur von Selbstischem fallen. Der Andere, um dessen Wohl und Wehe es sich handelt, sei für mich natürlich angesehen ein völlig Fremder, und mein „Nächster" nur noch durch die vorliegende Veranlassung seiner Noth und durch die Möglichkeit, dass gerade ich ihm helfe. Denn das ist ja doch wohl klar, dass die lediglich generelle Verwandtschaft durch den Gattungsbegriff „homo", resp. „animal" eine mehr als homöopathisch verdünnte Verwandtschaft ist, welche schlechterdings kein praktisches Moment auf der Wagschale mehr bildet. Gewiss wird Niemand einem solchen Wesen beistehen, weil es etwa im 1000. Grad oder mit Hülfe eines Darwinischen Stammbaums gar noch entfernter mit Einem verwandt ist. Man hilft ihm, weil man weiss, dass es als verwandtes oder analoges Wesen den Schmerz wie wir empfindet, nicht aber springt man ihm in dunkelster genealogischer Reminiscenz bei, weil es mit uns verwandt ist. Voll und ganz und ohne jeden partikularistischen Naturzug liegt jetzt der Accent rein im fremden Wohl und Wehe als solchem. Ein leidenschaftslos-aktives Wohlwollen nimmt, ohne jegliche Interessirtheit oder ohne alles selbstische Interesse, warmes Interesse am Andern.

Herzliches Interesse nimmt man allerdings an ihm; dies „interesse" ist aber eigentlich genauer ein „inesse" geworden. Es findet nicht mehr die kalkulirende Oscillation des Gemüths zwischen mir und dem Andern statt, welche die Portionen des beiderseitigen Lustantheils noch auseinanderhält; sondern ich habe mich rückhaltslos in den Anderen hineinverlegt und lebe hier seine Freude und sein Leid als das seinige, und streng begrifflich nicht als das meinige durch. Für den betreffenden Fall oder andauernd bin ich in ethischem, nicht in psychologisch-existenziellem Sinne der Andere geworden. Das Erstere ist als geistige That möglich, das Zweite eine selbstverständliche Unmöglichkeit des Naturdaseins. Mein Selbst bildet zwar den unerlässlichen persönlichen Träger und Ausgangspunkt aller dieser Funktionen, nicht aber ihren Zielpunkt oder ihr Objekt. Man könnte mir einwenden, dass ja doch zweifellos auch die allgemeine Liebe, welche ich hier im Auge habe, eine persönlich angenehme Empfindung für ihren Träger sei, während die bösartige Gesinnung des Hasses Anderer an dem Hassenden selbst als stiller Schmerz zehre. Also müsse man trotz Allem dem rigoristischen Ethiker Recht geben, wenn er hartnäckig selbst bei der Liebe noch den Verdacht eines positiv oder negativ egoistischen Motivs hege und sage, man liebe Andere, weil das Einem selber wohlthue, und vermeide es, sie zu hassen, um nicht selbst von der Rückwirkung dieses Giftstoffs leiden zu müssen.

Zur Beantwortung dieses Einwurfs verweise ich auf den früher behandelten und nahe verwandten Punkt, wo die eigene Gewissensbefriedigung als Motiv erwogen und gesagt wurde, dass in diesem Falle das wahrhaft Gute noch in letzter Stunde wenigstens getrübt und geschädigt erscheine. Es ist ja wahr, dass im wirklichen Leben mit seinen tausenderlei Nüancen und seiner steten Neigung zur Alterirung des Guten auch diese Spielart der Liebe oder des Guten, sei es allein, sei es als zeitweiser Rückfall aus besserer Gesinnung häufig vorkommt; und um des unleugbar egoistischen Beigeschmacks willen kann ihr ein strenges Urtheil wenigstens die volle und unverkümmerte Billigung nicht ertheilen. Allein ich kann nicht zugeben, dass diese Schlusstrübung nothwendig mit der Liebe verbunden sei, welche wir in ihrer echten und reinen Gestalt schildern. Vielmehr kann es recht wohl sein, dass jene persönlich angenehme Empfindung, wie bei der lauteren Gewissensbilligung, wirklich nur als sekundärer Reflex und Nebenempfindung figurirt, also streng logisch betrachtet als eine nebenbeiwachsende Frucht, nicht aber als die motivirende Wurzel der betreffenden Gesinnung und Handlungsweise bezeichnet werden darf. Alsdann ist von dem entscheidenden Punkte des Beweggrunds alles Selbstische entfernt, und wir können in ethischer Beziehung völlig beruhigt sein, indem das Selbst nur noch in jener unverfänglichen psychologisch-metaphysischen Weise mit in Betracht kommt. Denn eine noch stärkere Entselbstung als das geschilderte Leben-im-Anderen ist einfach unvollziehbar und würde in das Sinnleere überfliegen, solange das Selbst überhaupt noch existirt und handelt, was ja begreiflicher Massen die erste Voraussetzung für eine sittliche Beurtheilungsmöglichkeit bildet. Fällt es mir doch nicht ein, die ethische Bekämpfung des Egoismus in der Art manches subjektiv-idealistischen Monismus zu einer metaphysischen Anfechtung der Egoität und konkreten Einzelheit zu übertreiben, während ich überall gerade umgekehrt für das gute Recht der lebendigempfindenden Individualitäten gegenüber von allgemeinen todten Abstraktionen kämpfe. Ohne jene unverklausulirte Egoität ist weder Egoismus, noch Selbstverleugnung überhaupt nur ernstlich denkbar, weil nichts da ist, was eben jenen Fehler oder diese Tugend hinsichtlich seiner Selbstheit haben und üben könnte. Dies gilt z. B. ganz entschieden gegen die Ethik von Schopenhauer, wenn wir sie mit dem subjektiv-idealistischen Wesensmonismus seiner Metaphysik vergleichen. Jene monistische Uebertreibung des bekannten „tat twam asi" — dies Lebende bist du — nimmt sich meinethalb specios aus und lässt sich vielleicht dichterisch hinreissend ausmalen; aber nüchtern betrachtet heisst es doch alle Klarheit und praktische Greifbarkeit in einem chaotischen Nebel der Einerleiheit versenken, welcher jedenfalls sittlich völlig werthlos ist.

Kehren wir zu unserem Zusammenhang zurück, so dürfte jetzt wohl einleuchten, dass auf der endlich erreichten Station der Verdacht und Name des Egoismus in der That und Wahrheit seinen Sinn verloren hat. Ihn noch weiter zu führen, wäre nicht mehr blos ein ungenauer Sprachgebrauch, sondern schwere Sachirrung. Als das entwickelte Gute K. E. erhebt sich die wahre und reine Liebe mit ihrem selbstlosen Trachten nach Wohl über jener successiven Stufenreihe von noch gemischten Vorbereitungen.

Wie es sich gehört, hängen bei ihr, und nur bei ihr, Gesinnung und Erweis als Wesen und Erscheinung in innerlich sachlicher Konsequenz zusammen und bilden miteinander Eine gerade Linie. Das Wohl, das sie sucht und fördert, ist kein Gegenstand, welcher ihr als der guten Gesinnung blos zufällig und äusserlich als ein Beiwerk zur Aufgabe überwiesen wäre, weil nun einmal glücklicher Weise das Sittengesetz sozusagen nachträglich just darauf und nicht auf das Gegentheil verfallen ist. Denn wirklich bieten andere Fassungen des Guten für diese barocke Möglichkeit Raum. Dies verräth sich am grellsten in der theologischen Grübelei der Frage, ob nicht Gott durch die Satzung seines Willens ebensowohl das Gegentheil des jetzt sanctionirten Guten hätte etabliren können. Allein dieselbe Konsequenz lässt sich auch für jedes profane Sittengesetz ziehen, welches in der Vorhalle einer nur formalen Bestimmung stehen bleibt.

Merkwürdig und lehrreich ist in dieser Hinsicht die Stellung Kant's. Seine Polemik gegen das Wohlwollen oder die Liebe als Motiv hindert ihn nicht, in der „Tugendlehre" trotzdem das Wohl-Wollen und Wohlthun oder die Förderung fremder Glückseligkeit wenigstens als die Eine nach Aussen gerichtete Seite der Sittlichkeit oder als den objektiven Inhalt des Guten aufzustellen und auf diese Weise dennoch mit dem natürlichen Gefühl eines Jeden nachträglich wieder zusammenzutreffen. Allein das präsentirt sich im Zusammenhang seiner Sätze V, 210 mit Hegel geredet „wie aus der Pistole geschossen", d. h. es fehlt an jedem Nachweis des inneren Zusammenhangs zwischen dem Sittengesetz als solchem und einem derartigen Objekte, welches es gebietet. Kant macht nicht einmal ein Hehl aus dieser Zusammenhangslosigkeit, wenn er später den bezeichnenden Ausspruch thut: „Es fällt nicht von selbst in die Augen, dass ein solches Gesetz des Wohl-Wollens und Thuns überhaupt in der Vernunft liege; vielmehr scheint die Maxime: „Ein Jeder für sich, Gott (das

Schicksal) für uns Alle" — die natürlichste zu sein" V, 289. Hieran wird, V, 295, die kasuistische Frage geknüpft: „Würde es mit dem Wohl der Welt überhaupt nicht besser stehen, wenn alle Moralität der Menschen nur auf Rechtspflichten, doch mit der strengsten Gewissenhaftigkeit, eingeschränkt, das Wohlwollen aber unter die Adiaphora gezählt würde?"

Soweit sich unser Philosoph trotzdem auf den näheren Nachweis einlässt, dass das Wohlwollen und entsprechende Handeln Pflicht sei, geschieht dies in ziemlich künstlicher Weise, ja sogar auf eine Art, welche keineswegs frei von ethischen Bedenken ist. Denn in der Hauptsache kommt seine Deduktion V, 219 und sonst, doch nur darauf hinaus, dass wir Andern wohlthun sollen, weil wir unter Umständen unserer natürlichen Bedürftigkeit halber das Gleiche auch von ihnen nöthig haben, einseitige Inanspruchnahme aber sich unter der Herrschaft des allen geltenden kategorischen Imperativs nicht gebühren würde. Es ist dies eine Begründung, welche zwar vom Standpunkte der praktischen Lebensklugheit aus stichhaltig ist, der ethischen Reinheit jedoch oder wenigstens der Natürlichkeit stark ermangelt und beweist, dass das Prinzip ungenügend gefasst sein muss, wenn sich eine Hauptpflicht nicht besser und ungezwungener aus ihm entnehmen lässt.

Im Gegensatz hiezu hören bei der Bestimmung der Liebe als des Guten alle diese Künstlichkeiten oder jene oben erwähnten gliederverrenkenden Spitzfindigkeiten für Gott und Menschen auf Einen Schlag auf. Sie will nicht das Gute als ein von ihr selbst noch Verschiedenes, nach dessen Herkunft und Berechtigungstitel noch extra zu fragen wäre, sondern sie ist es selbst als Gesinnung; die That aber, welche sie übt, ist die einzig denkbare Ausprägungsweise, welche eine derartige Gesinnung sich überhaupt geben kann. Jene ist ihr nothwendiges Echo und Alterego, nicht ein unmotivirt dran hängendes opus operatum. Wohlwollen kann gar nicht anders als Wohl wollen, während jede sonstige formalpflichtmässige Gesinnung möglicher Weise auch auf Uebel-Wollen gestimmt und formulirt sein könnte, wenn der gesetzgebende Despot zufälliger Weise ein Teufel oder ein nihilistischer Tyrann wäre. Freilich würde die Welt wenigstens der Menschheit dann sehr bald aus Rand und Band gehen. Aber wer sagt denn, dass sie überhaupt bestehen solle? könnte der extreme Pessimist einwenden. Niemand anders sagt dies, als das grosse Gravitationsgesetz der Geister und positive Weltprinzip, die Liebe selbst. Sie will das Sein und Wohlsein statt des Nichtseins und Uebels, und sucht es prinzipiell zu begründen. Auf dem engen Gebiet des menschheitlich-irdischen Lebens denkt sie nicht sowohl in abschliessender Rechnung die Theodicée, als dass sie vielmehr praktisch und fortlaufend als der göttliche Funke in der Endlichkeit dieselbe übt und successive in ihrem bescheidenen Theile herzustellen trachtet.

Nur angedeutet soll hiermit werden, wie auf diese Weise auch die Rolle des göttlichen Prinzips überhaupt sich erheblich innerlicher und geistiger gestalten lässt, als es in Kant's Moral mit ihrem soviel gerügten „Deus ex machina" der Fall ist (vgl. besonders auch den Abschnitt der „Religion innerhalb" — VI, 164 ff.). Denn derselbe ist allerdings zum Theil eine Nachbesserung, welche die ursprüngliche Mangelhaftigkeit der Grundanschauung hinterher wieder gut machen soll. Wir suchen dies zu vermeiden, indem wir die ethische Potenz von Anfang an theologischer fassen.

Es möchte nun vielleicht scheinen, als ob wir uns mit alle Dem in schönen Träumen und hohen Phantasien bewegten, welchen die Grundforderung der soliden Lebenswahrheit völlig abgehe. Wäre dem je so, dann könnte uns jedenfalls ein Kant insofern am wenigsten einen Vorwurf daraus machen, als er seinerseits gar oft und tiefwahr sagt, dass das Gute gelte und wahr bleibe, ob es irgendwo auf der Welt realisirt sei oder nicht. Indessen darf man das natürlich nicht dahin missverstehen oder übertreiben, dass jenes auch dann noch gelte, wenn es gleich schlechterdings unthunlich und innerlich unmöglich wäre. Dies ist jedoch in der That bei der Liebe auch nicht der Fall. Das beweist schon die Wirklichkeit, sobald wir darin auch nur Andeutungen und vereinzelte Aeusserungen des Ideals zu entdecken vermögen, sowenig es irgend ein Sterblicher zum ausnahmslos konsequenten Typus seines Lebens wird zu machen vermögen. Aber an jenen annäherden Lichtblicken hat es dennoch wahrhaftig keinen Mangel. Wo irgend etwas Gutes geschieht, da wird eine richtige und unverkünstelte Analyse sicherlich jene selbstlose Liebe als den werthgebenden Kern, ob auch vielleicht mit mehr oder weniger Schale entdecken. Ihr Mitvorkommen in der Welt wird keine Spitzfindigkeit und kein pedantischer Rigorismus wegzudisputiren vermögen, und würden dieselben auch noch so weit getrieben.

Eudämonismus und Egoismus,
eine Ehrenrettung des Wohlprincips.

Von

E. Pfleiderer, in Tübingen.

III. Artikel.

Warum verschliesst sich nun Kant trotz Allem mit einer gewissen Hartnäckigkeit gegen dieses Zugeständniss, dass die wahre Liebe in der That mit dem Guten selbst völlig identisch sei; warum zögert er und weigert sich noch immer, Dem beizutreten, während ihm doch bei seiner unerbittlichen Befehdung des Egoismus das endlich erreichte gerade Gegentheil desselben hoch willkommen sein sollte? Ohne Zweifel scheint es an manchen Stellen, als ob er eigentlich gar nicht so ernstlich von uns differirte, sodass ihm der übliche Vorwurf eines kalt-formalen Rigorismus ungerechter Weise gemacht würde. Auch wir können ihm ja gerne beistimmen, wenn er einen Unterschied zwischen der „Liebe des Wohlgefallens" und derjenigen des „Wohlwollens" gemacht wissen will V, 228. 285; ähnlich IV, 34 f. Die Erstere ist, wie z. B. in der geschlechtlichen Neigung, Sache der unfreien Empfindung und kommt ethisch zunächst nicht in Betracht. Oder wo sie das Motiv eines Handelns bildet, ist geradezu einzuräumen, dass dies noch ein selbstisches Motiv wäre. Ist sie doch mit Spinoza's Affektenlehre etwa zu übersetzen als laetitia (propria) concomitante idea causae externae. Erst sekundär knüpft sich bei ihr an diese Eigenempfindung weiterhin auch das

Streben, den geliebten Gegenstand als Quelle der eigenen Lust zu erhalten und zu fördern. Umgekehrt bildet bei der Liebe des Wohlwollens, welche unser Philosoph an anderen Stellen die praktische Liebe im Unterschied von der pathologischen oder ästhetischen nennt und auch seinerseits für einen Gegenstand des Pflichtgebots erklärt, dieses Streben für den Anderen in selbstloser Absicht das primär Wichtige, während die Liebe des Wohlgefallens entweder gar nicht oder erst allmählich oder jedenfalls als secundäres und nichtmotivirendes Moment sich dazu gesellt.

Soweit sind wir ganz im Einklang mit ihm; gestanden wir ja oben bereitwillig zu, dass mit dem Einen Wort „Liebe" ethisch ganz verschiedene Erscheinungen und Gesinnungen bezeichnet zu werden pflegen und dass es somit immer noch eines näheren Zusatzes bedürfe, um die von uns gemeinte sittliche Liebe herauszuheben. Daneben glaube ich jedoch, dass nun Kant seinerseits das Wort „Liebe" in unberechtigter Weise braucht, wenn er sie endlich mit der Klausel „praktisch" für moralisch zulässig erklärt. Er thut das nicht einmal gerne, wie sich nicht verkennen lässt, sondern mehr nur nebenher und gelegentlich, um sich mit sonst üblichen ethischen Anschauungen, insbesondere mit derjenigen des Christenthums einigermassen zu arrangiren, während er am liebsten ganz davon schwiege.

Denn in der That ist nach seinen sonstigen Hauptausführungen seine praktische Liebe oder sein praktisches Wohlwollen und Interesse etwas erheblich Anderes, als was sonst Jedermann darunter versteht, indem wir natürlich gleichfalls von einer faulen und unpraktischen Wort- oder Scheinliebe nichts wissen wollen. Bei Kant nun ist es mit einem kleinen und doch sehr bedeutsamen Unterschied zwar Wohl-Wollen oder bonum velle, nicht aber zugleich Wohlwollen oder benevolentia. Das Ziel wäre richtig, aber die Gesinnung fehlt, welche dazu gehörte. Es würde hiernach genügen oder wäre wegen mangelnder Beihülfe der Neigung sogar das sittlich Vollkommenste, in eisiger Kälte und ohne eine Spur von Antheilnahme dem Leidenden beizustehen und für Hebung seines Weh's oder Herstellung seines

Wohls zu sorgen — weil nun einmal die herzlos kalte Pflicht es zufällig so gebietet und ohne dass Einem sonst das Geringste an der Sache läge. Ist das wahrhaft sittlich? Würde nicht hiedurch der heraustretenden That oder der helfenden Gabe gerade das Werthvollste genommen, welches in dem pretium affectionis, im ernstlichen Erweis der theilnehmenden Gesinnung liegt und ein grosses Gut bleibt, auch wo die Umstände nur eine kleine oder selbst gar keine reale Wohlthat zulassen? Eine völlig empfindungslose „Liebe", an welcher das Herz nicht den mindesten Antheil haben darf, sondern welche nur vom Kopf, resp. vom kaltverständigen Willen ausgeht, wird offenbar missbräuchlicher Weise „Liebe" genannt; wir müssen darin ein verunglücktes psychologisches Gebilde sehen, welches aus der systematischen Konsequenz einerseits, und der nothdürftigen Accommodation an das wirkliche Leben oder Sprechen andererseits resultirt.

So bleibt es also trotz der scheinbaren und verbalen Annäherung doch dabei, dass Kant die wahre und ächte, ihres Namens würdige Liebe, bei welcher die ganze Persönlichkeit betheiligt ist, ethisch nicht anerkennt und sie jedenfalls von Ferne nicht zur verdienten Würde des obersten ethischen Prinzips zu erheben gesonnen ist. Höchstens will er sie einmal V, 296 als grosse moralische Zierde der Welt, aber nur als ornamentales Beiwerk zur Hauptsache zugelassen wissen, welche immer die kaltformale Pflichterfüllung bleibt. Denn alles Warm- oder Herzlichwerden hat er nun einmal im unaustilgbaren Verdacht, dass es mit seinem ethischen Hauptgegner, dem Egoismus, irgendwie, und wäre es auch noch so fein und verborgen liirt sei.

Wie tief dieser Argwohn bei ihm wurzelte, sieht man vielleicht auch an der Uebertragung auf das ausserethische, übrigens verwandte Gebiet der Aesthetik. Seine Lehre vom Schönen stellt es in der Kritik der Urtheilskraft als einen Hauptsatz auf, dass „das Wohlgefallen, welches für das Geschmacksurtheil bestimmend ist, ohne alles Interesse sei." Dies ist wahr oder widersinnig, wie man will. Zweifellos wird jedes selbstische Interesse, jede Regung der egoistischen Begehrlichkeit oder des Neids, auch jede sinnlich verlangende Affection eine Trübung des ästhetischen Auges zur unmittelbaren Folge haben. Wer nicht in diesem Sinn mit selbstlos reinem Blick das Kunstwerk schaut, für den ist es als Kunstwerk gar nicht da. Damit ist aber auf der andern Seite das tiefste sachliche Interesse keineswegs ausgeschlossen, sondern schlechterdings gefordert. Die wahrhaft ästhetische Stimmung wird sich im Gegentheil bis zum selbstlosen Versunkensein in den Gegenstand steigern oder vom „interesse" bis zum „inesse" fortgehen können, wie wir früher ethisch sagten. „Die Sterne, die begehrt man nicht, man freut sich ihrer Pracht" — in diesem Dichterwort über das nächtlich leuchtende bonum commune Aller ist die reine Uninteressirtheit mit dem vollsten Empfindungsinteresse harmonisch verknüpft und das wahre Lustprinzip auch hier gewahrt.

Offenbar ist es kurzgesagt eben dieses entscheidende „inesse," welchem Kant entweder nicht traut oder es gar für unmöglich hält; denn zwischen Beidem scheint er mir zu schwanken. Darin aber verräth sich ein Generalvorurtheil jener Zeit, eine eigenthümliche und für die Würdigung der wahren Liebe ungünstige psychologischmetaphysische Befangenheit, welche er mit seinen ethischen Gegnern aus dem Lager des empirischen Idealismus, des Sensualismus und Materialismus, wie nicht minder der Leibniz-Wolff'schen Popularphilosophie theilt. Ich möchte es den theoretischen und praktischen Occasionalismus der damaligen Psychologie und Geistesanschauung nennen und denselben in eine gewisse Parallele zu den gleichzeitigen Lähmungen des Kausalbegriffs überhaupt setzen. Auch diejenigen, welche weit entfernt waren, das Geistige zu leugnen, betrachteten es ganz überwiegend als ein Sein und Weben in sich selbst, welches auf Grund oder besser nur bei dem Anlass von mehr oder weniger unerklärbaren äusseren Anregungen sein buntbewegtes Spiel im Privatkreis des eigenen Innern treibe. Dagegen fand man es unfasslich und chimärisch, dass dasselbe wirklich und ernstlich aus sich herausgehen könne, um in einem Andern zu sein, ohne sich dabei zu verlieren und realiter zu zersplittern.

Hieraus flossen zunächst auf theoretischem Gebiet die Skrupel oder gar die kategorische Leugnung, dass eine selbständige Realität des „Dings" oder Nicht-Ichs gedacht werden könne. Am deutlichsten ist dies in dem empirischen Idealismus und Skeptizismus von Hume ausgeprägt und kehrt später in dem absoluten subjektiven Idealismus von Schopenhauer wieder, während Kant mit seinem noli me tangere des dennoch tangirten und behaupteten „Dingsansich" in schwankender Mitte steht. Besonders Schopenhauer findet es ganz selbstverständlich und analytisch sicher, dass Alles nur meine Vorstellung sei, sofern es doch offenbar meine Vorstellung sein muss, um für mich überhaupt in Betracht zu kommen. Indem ich etwas denke, denke ich's; also ist es mein geistiges Produkt oder ein von mir abhängiges Gebilde und keine selbständige Realität. Ein „Ding" denken, was man gemeinhin unter Ding zu verstehen pflegt, ist somit eine contradictio in adjecto und hiesse gerade soviel, als sehen ohne Augen oder sich mit etwas beschäftigen, ohne dabei zu sein. Stärker ausgedrückt wäre es ein förmliches „Aussersichsein" des Geistes, was man doch sonst als Verrücktheit zu bezeichnen beliebe.

Die strenge Konsequenz solcher Erwägungen spricht eigentlich nur Schopenhauer mit seinem resoluten und rücksichtslosen Muthe aus: es ist der reine Solipsismus oder die ausschliessliche Privatexistenz des individuellen Ich, welches alle Selbständigkeit eines gegenüberstehenden Nicht-Ich kaum mehr blos bezweifeln, sondern schliesslich leugnen muss. Nun fügt aber derselbe Schopenhauer sogleich das Geständniss hinzu, dass dies in der That blos ein „Narrenhausstandpunkt" sei, welchen kein Vernünftiger im Ernste einnehme. Vom wirklichen Leben versteht sich das von selbst. Und wenn gleich das System das Privilegium besitzt, um ein gut Theil widersinniger als das Leben zu sein, so vermag doch auch hier keiner der Obengenannten und ihrer Genossen jene Konsequenz des Solipsismus irgend zu acceptiren. Also muss es die Wirklichkeit trotz Allem fertig bringen und bringt es thatsächlich jeden Augenblick fertig, dass der Geist aus sich selber herausgeht und denkend das selbständige Nicht-Ich erfasst, ohne „verrückt" zu werden oder sich zu verlieren. Es muss für ihn keinen Widerspruch und keine innere Unmöglichkeit bilden, bei sich selbst und zugleich bei dem Anderen zu sein; sonst thäte er es nicht fortwährend. In eigenthümlicher Selbstdiremtion greift er aus dem Bannkreis des privaten Seins hinaus zu der Welt der objectiven Realitäten oder Selbstwesenheiten, welche ihm gegenüber stehen. Es mag dies völlig unvorstellbar sein und beinahe münchhausiadisch klingen. Denn allerdings liegt es von den Gewohnheiten des Mechanismus und der ungeistigen Sachnatur weit ab, denen wir jedenfalls unsere Imaginationsweisen und Sprechformen sonst entnehmen. Darum ist es aber auch ein geistiges Spezificum, welches wenigstens gedacht werden kann und gedacht werden muss, weil wir andernfalls die thatsächliche Wirklichkeit des tausendfach geübten „Dinge-setzens" nicht zu erklären vermöchten.

Genau dasselbe ist nun auf praktischem Gebiet die reine Liebe, welche ohne Selbstverlust im Andern ihren Ort hat und in ihm als in' ihrem Schwerpunkt Freude und Leid miterlebt, oder noch besser thätig an ihm Wohl schafft und Wehe hebt. Desshalb ist sie, und nur sie, die praktische Ueberwindung des falschen Ichstandpunkts oder des Egoismus, gleichwie das wahre Denken [im Unterschied von seinen Vorstufen des Anschauens und Imaginirens die Ueberwindung und Durchbrechung des theoretischen Ichbannkreises ist. Das Gegentheil bildet beidemal der Solipsismus, welchen man gewöhnlich nur theoretisch versteht, während Kant selbst in ganz richtigem Gefühl des Zusammenhangs gelegentlich auch die praktische Verkehrtheit mit ihm bezeichnet; vgl. IV, 185. 287.

Höchst lehrreich für dieses schwierige Problem und ein werthvoller Schlüssel zur Erkenntniss jenes psychologisch-metaphysischen Generalvorurtheils ist die Moral von Hume, welcher auf diesem Gebiet nicht mehr eigentlich Skeptiker, sondern blos ein feinsichtiger, ob auch nicht tief genug gehender Empiriker ist. Zuerst stellte er die Sympathie als Moralprinzip auf und fasste sie genau im Sinne des passiven „Mit-Leidens" oder Angestecktwerdens aus Anlass einer fremden Lust und Unlust. Seine Darlegung wie seine drastischen Beispiele geben vollkommen dasjenige, was wir oben als das Wesen der blosen oder bereits egoistisch umgebogenen Naturgutmüthigkeit und Weichherzigkeit schilderten. Auch er macht kein Hehl daraus, dass in allen diesen Fällen das Ganze lediglich ein Privatvorgang im Ich selbst sei oder also eigene Lust- und Unlustempfindung bei Gelegenheit von fremder repräsentire. Nur könne er nicht absehen, warum ein solcher gutartiger Egoismus überhaupt noch Tadel verdiene, statt dass man ihn als eine weisliche Einpflanzung der Natur in unser Herz zu betrachten und sich völlig mit ihm zufrieden zu geben habe.

Es entspricht dieses Alles genau dem Standpunkte welchen seine theoretische Philosophie mit ihrem empirischen Idealismus einnimmt. Auch für die erkennende Seele gibt es nur das passive Privatleben des individuellen Vorstellungskreises, den sie schlechterdings nicht durchbrechen kann. „So sehr wir unsere Aufmerksamkeit ausser uns richten und unsere Einbildungskraft zum Himmel oder zu den Grenzen des Universums jagen, wir kommen dennoch keinen Schritt über uns hinaus oder erfassen mehr als unsere Perzeptionen. Das Universum unserer Imagination ist der enge Bezirk, auf den wir beschränkt sind."

Nun kann es ihm aber jedenfalls im Praktischen doch nicht entgehen, dass mit jener Bornirung auf das Privat-Ich die Moral eigentlich zu Ende wäre. Daher führt er zunächst unversehens den Nebenbegriff der extensiven Sympathie ein, in dessen näherer Anwendung sich eben das Strecken und Dehnen hinaus über die Beschränktheit jenes solipsistischen Egoismus verräth. Später geht er noch weiter. Allerdings mit der Inkonsequenz, zu der ihm der Skeptiker berechtigt scheint, gibt er ohne Aenderung seiner theoretischen Sätze den Standpunkt jenes gutartigen

Egoismus ganz und resolut auf. Ausdrücklich und in einer Weise, welche ohne Namensnennung seine eigene frühere Anschauung mittrifft, widerlegt er in verschiedenen angehängten Essais den Satz der zeitgenössischen Encyklopädisten, dass alles Gute auf die Selbstsucht reduzirbar sei. Vielmehr bilde unegoistische Liebe etwas durchaus Wahres und Wirkliches, das keine noch so penible Chemie zersetzen könne. Die Beispiele, welche er jetzt gibt, lassen keinen Zweifel darüber, dass er soziemlich unser „inesse in altero" meint. Desshalb wählt er nun auch statt des verfänglichen früheren Wortes „Sympathie" lieber die Termini Humanität, Philanthropie, allgemeines Wohlwollen, Genossenschaftsgefühl oder Interesse für Andere. Es lässt sich bei ihm nicht verkennen, dass die sprachliche Aenderung absichtlich ist und eine wichtige sachliche Wandlung ausdrückt, welcher wir unsere Zustimmung gerne geben.

In den meisten summarischen Darstellungen Hume's, neuerdings freilich auch in flüchtig gearbeiteten empiristischen Partheimonographien, wie in der „Ethik D. Hume's" von Gizycki, wird diese feine und sehr instruktive Dialektik seiner Eigenentwicklung verwischt oder übersehen. Desshalb hebe ich in meiner Schrift „Empirismus und Skepsis in D. Hume's Philosophie" besonders auf S. 335 bis 347 den wichtigen Punkt sorgfältig hervor.

Wir haben uns bisher überwiegend in der Defensive gehalten und die Einwände Kant's gegen das materiale Wohlprinzip der Liebe, insbesondere den bedenklichsten Verdacht des Egoismus zurückzuweisen versucht. Nunmehr ist es an der Zeit, dass wir stärker zur Offensive übergehen. Ohne Zwang oder künstliche Konsequenzmacherei wird sich nämlich umgekehrt an jenem Moralisten selber zeigen lassen, wie sogar der grösste Rigorist trotz aller Polemik nolens volens dem ethisch unvermeidlichen Prinzip der Liebe oder des selbstlosen Eudämonismus zugravitirt, will er nicht gar in „das gerade Widerspiel der Sittlichkeit" verfallen und seinerseits auf die Bahn eines wenigstens feinen Egoismus gerathen. Fassen wir zu diesem Behuf zuerst das Ziel des Guten ins Auge, wo sich die Mangelhaftigkeit der Grundanschauung jedenfalls einmal in schneidenden Widersprüchen offenbart.

Trotz des scheinbaren Zugeständnisses an die Liebe, das wir von Kant in einem etwas anderen Zusammenhang bereits gemacht sahen und kritisch beleuchteten, muss es uns zum Mindesten sehr frappiren, dass er in der Kritik der praktischen Vernunft unmittelbar nach den stärksten Aussprüchen seines Rigorismus und hart vor der berühmten Apostrophe an die Pflicht in aller Unbefangenheit bemerkt: „Hiemit stimmt aber die Möglichkeit eines solchen Gebots, als: liebe Gott über Alles und deinen Nächsten als dich selbst, ganz wohl zusammen. Denn jenes Gesetz aller Gesetze stellt, wie alle moralischen Vorschriften des Evangelii, die sittliche Gesinnung in ihrer ganzen Vollkommenheit dar, sowie sie als ein Ideal der Heiligkeit von keinem Geschöpf erreichbar dennoch das Urbild ist, welchem wir uns zu nähern und in einem ununterbrochenen, aber unendlichen Progressus gleich zu werden streben sollen" IV, 196 f.

Nun polemisirt er aber fürs Andere bekanntlich in der Kritik der praktischen Vernunft, in der „Religion innerhalb u. s. w." und in der Anthropologie immer wieder gegen die Meinung, als ob man atomistisch oder fragmentarisch gut werden könnte. Vielmehr handle es sich um einen prinzipiellen und radikalen Akt „gleich einer Art der Wiedergeburt." Was kann dies aber anderes heissen, als dass schon der erste Augenblick des wirklich prinzipiellen Gutseins ein Erfassen des Ideals und ein beginnendes Antheilnehmen an demselben ist? Die Durchführung vom erfassten Prinzip aus mag jetzt erst anfangen, sie mag ihrerseits nicht störungslos und nur in unendlichem Fortschritt verlaufen; aber das richtige Prinzip als solches muss ergriffen sein und festen Fuss im persönlichen Willen gefasst haben, wenn man überhaupt von wahrhaft beginnendem Gutsein soll reden können. Damit wäre aber zugestanden, dass schon der Geburtsmoment des Guten mit dem ersten zündenden Strahl des Ideals zusammenfalle, oder es würde also die Einsetzung der Liebe zur Regentin des sittlichen Lebens anstatt der Maxime der Selbstsucht jene radikale Aenderung und Umdrehung der Prinzipien vorstellen. Gerade dann, wenn man meines Erachtens mit allem Recht vom radikalen Bösen ausgeht und auch den Umwandlungsprozess wenigstens essentiell oder begrifflich so radikal fasst, müssen sich schon der Anfang des wirklichen Guten und die urbildliche Vollendung wesenhaft und qualitativ decken. Würde es sich doch anundfürsich recht seltsam machen, wenn das, was auch nach Kant das Ziel der Heiligkeit bildet, vorher eine feine Unsittlichkeit wäre. Daraus ergäbe sich am Ende statt seiner obigen, natürlich ganz vernünftigen Forderung des Fortschritts die absonderliche Konsequenz, dass der Mensch nicht nach der Vollendung streben und dem Ideal nicht näher kommen dürfe, weil er sonst Schritt für Schritt an reiner Sittlichkeit einbüssen würde.

Auch wenn wir den Ausgangspunkt des Guten bei Kant erwägen und scharf analysiren, kommen wir auf ein ähnliches und für die Liebe günstiges Resultat, wie mit der Betrachtung des Ziels; oder wir können ihn wenigstens vor eine ganz bedenkliche Alternative stellen. Korrelatbegriffe für den Beginn des Guten sind das Sittengesetz als solches und die Triebfeder zum Gehorsam gegen dasselbe; beides hat uns zu beschäftigen.

Bei dem Gesetz in seiner Formulirung als kategorischer Imperativ ist gewiss die Frage berechtigt, warum denn eigentlich eine Maxime von Allgemeingültigkeit den Vorzug vor einer solchen verdiene, welche blos individuelle Bedeutung hat. Hierauf geben uns die zahlreichen Kant'schen Beispiele scheinbar folgende Antwort: Weil nur mit jener ein logisch korrektes Handeln stattfindet, während diese nothwendig in logische Widersprüche verwickelt. Das ergäbe jedoch zum Voraus einen bedenklichen Intellektualismus. Das Leben ist gewiss nicht blos ein logisches Exempel, indem das Gute in der Wahrheit, das Böse aber im Irrthum bestünde! Lehrt uns doch sonst Keiner so nachdrücklich und äusserst werthvoll wie Kant, dass Alles im Ethischen am Willen liege und das Wissen etwas ganz anderes sei. Also ist jene logische Korrektheit entschieden nur ein sekundäres und begleitendes Moment am praktisch Richtigen: Weil ein Grundsatz oder eine Handlung gut ist, so hat sie nebenbei den Vortheil, sich nicht in logische Widersprüche zu verwickeln; aber der Satz darf nicht einfach umgedreht werden. Ebenso wird das Böse, weil es böse ist, sich auch in logischen Fussangeln fangen und in sich selbst zersetzen; allein auch das gilt wieder nicht ohne Weiteres vice versa, wie eine schiefe Theorie meint, welche es oberflächlicher Weise in logischer oder metaphysischer Negation findet. Jene Korrektheit ist somit höchstens ein Merkmal des Guten, aber nicht sein eigentliches Wesen.

Ausserdem finde ich in jenem Gedankengang Kant's eine petitio principii. Ein logischer Widerspruch kommt bei der individuellen Maxime allerdings mit analytischer Sicherheit heraus, wenn ich nach ihr zugleich mit dem Anspruch auf Allgemeingültigkeit derselben handle. Wie aber, wenn ich jenen Anspruch gar nicht mache, sondern denke: Erlange nur ich meinen Vortheil, so mögen Andere zusehen, wie sie den ihrigen finden. Ich will nun einmal individualistisch handeln, ob Andere es ihrerseits so oder anders halten. — Offenbar ist dann von einem logischen Widerspruch keine Rede mehr; wohl aber werden sich praktische Widersprüche und Kollisionen ergeben; und daran allein hängt es. Bei jener Frage nach dem Vorzug der allgemeingültigen Maxime vor der individuellen würde also die richtige Antwort nicht auf die logische Widerspruchsfreiheit, sondern auf die umfassende praktische Kollisionslosigkeit hinweisen, in Folge welcher die Menschen einträchtig und friedlich zusammen leben und wirken können. Warum ist aber dies dem Gegentheil vorzuziehen? Einfach desshalb, weil die Kollision Wehe schafft und die schon vorher vorhandene Unlust in der Welt freithätig vermehrt; Friede und Eintracht aber sind und schaffen Wohl. Somit kommen wir auch hier wieder auf den richtig verstandenen Eudämonismus hinaus. Fragt man endlich, welche Gesinnung denn die wahre Kollisionsvermeiderin und Friedensstifterin in der Welt sei, so kann das keine andere sein, als diejenige, welche nicht auf das Ihre sieht, sondern auf das, das des Anderen ist, oder also die selbstlose Liebe.

Kant selbst bestätigt gelegentlich die Richtigkeit dieser unserer Konstruktion oder kritischen Reduktion, wenn er als Zusammenfassung der Beispiele für seinen kategorischen Imperativ sagt: „Man muss wollen können, dass eine Maxime unserer Handlung ein allgemeines Gesetz werde; dies ist der Kanon der moralischen Beurtheilung derselben überhaupt," IV, 46 f. Damit gibt er zu, dass das blos formale Merkmal der möglichen Allgemeingeltung doch eigentlich nicht genüge, sondern dass über ihm ein inhaltlicher Selbstwerth des betreffenden Prinzips als dasjenige stehen müsse, warum es in letzter Instanz den Vorzug verdient und gewollt wird.

Als Triebfeder der Sittlichkeit lässt er allein die Achtung vor dem Gesetze zu. Was heisst das eigentlich? Im weiteren Verlauf finden wir öfters die fassbareren Ausdrücke: „Achtung vor der Würde der Menschheit, vor dem idealen Ich oder vor der Hohheit des apriorischen Kerns in uns, welcher sich hier offenbart." Jenachdem man dies versteht, wäre es einer peinlich rigorosen Auslegung beinahe möglich, dem grössten Gegner des Egoismus eine sehr unerwartete und nichts weniger als beabsichtigte Konsequenz zu ziehen. Dem erhabenen Apriori, welches man in sich trägt oder das man vielmehr seinem besseren Theile nach selbst ist, wird bei jener Anschauung ein ehrfurchtsvoller Dienst gewidmet. Sollte das nicht vielleicht die feinste und logischsublimste Art von Selbstsucht sein und jenen Egoismus des stoischen Tugendstolzes erneuern, welcher Allem aufbietet, um sein ideales Alterego in jeder Weise zu ehren, zu schmücken und mit Tugenden wie mit Weihgeschenken zu behängen? Der sittlich Handelnde ist alsdann Priester, Tempel und Gottheit in Einem. Denn die Potenz, um welcher willen oder der zu lieb die Sittlichkeit geübt wird, steht hier doch in einer sehr bedenklichen Nähe mit dem sittlich handelnden Subjekte selber; es erhebt sich also der Verdacht, dass man schliesslich trotzdem Alles sich selbst, weil seinem Genius zu lieb thue. Es droht in der That ein Kultus des Privatgenius, den ich nicht mehr für selbstlos halten kann, sondern verwerfen muss, sobald er wenigstens das Endziel und den eigentlichen Selbstzweck des Sittlichen bilden will. Es ist wirklich unverkennbar, dass Kant in manchen Stellen besonders aus der instruktiven Methodenlehre der Kritik d. pr. V. ziemlich scharf an diese missliche Folgerung anstreift: „Der Mensch lernt in der Unabhängigkeit seiner intelligiblen Natur und der Seelengrösse, dazu er sich bestimmt sieht, für die Opfer, die er darbringt, reichliche Entschädigung zu finden. — Wir gewinnen endlich das lieb, dessen Betrachtung uns den erweiterten Gebrauch unserer Erkenntnisskräfte empfinden lässt, welchen vornehmlich dasjenige befördert, worin wir moralische Richtigkeit antreffen, gleichwie der Naturbeobachter Gegenstände, die seinen Sinnen anfangs anstössig sind, endlich lieb gewinnt, wenn er die grosse Zweckmässigkeit der Organisation daran entdeckt und so seine Vernunft an ihrer Betrachtung weidet und von ihnen gleichsam eine Wohlthat geniesst. Die Tugend erhält in der Betrachtung eine Form der Schönheit, wobei wir unser ganzes Erkenntnissvermögen gestärkt fühlen und der über die Thierheit erhabenen Anlage der Talente in uns inne werden. Obgleich jene Entsagung eine anfängliche Empfindung von Schmerz erregt, kündigt sie dem Lehrling dennoch zugleich eine Befreiung von der mannigfaltigen Unzufriedenheit an, darin ihn alle diese Bedürfnisse verflechten, und macht das Gemüth für die Empfindung der Zufriedenheit aus anderen Quellen empfänglich. Das Herz wird doch von einer Last, die es jederzeit insgeheim drückt, befreit und erleichtert. Und nun findet das Gesetz der Pflicht durch den positiven Werth, den uns die Befolgung desselben empfinden lässt, leichteren Eingang durch die Achtung für uus selbst im Bewusstsein unserer Freiheit" IV, 276. 285.

Ich kann den Eindruck nicht wegbringen, dass in derartigen Darlegungen das Selbst zu stark hervortritt. Seine praktische, besonders aber seine logische und metaphysische Befriedigung oder Schmeichelung scheint mir hier eine Rolle zu spielen, welche mit der auch von Kant sonst verlangten reinen Selbstlosigkeit des Sittlichen kaum mehr verträglich ist. Genau den gleichen Vorwurf des verkappten vornehmen Egoismus hat einst schon Herder in der „Kalligone", sowie in der Schrift „Religion und Lehrmeinungen" gegen Kant's stolzautarkische Moral erhoben. Man wird diesem Einwand ausweichen wollen, indem man mir Schuld gibt, dass ich mit absichtlichem Missverständniss den apriorischen Kern in eine viel zu grosse Nähe mit dem empirischen Ich rücke. So sei es aber nicht gemeint. Jenes ideale Ich stehe vielmehr himmelweit über dem empirischen und throne in majestätischer Transcendenz für sich. Macht man indessen mit diesem Gedanken Ernst, so kann ich vor Allem nicht einsehen, mit welchem Recht man jenes allzuweit erhabene X über aller und jeder Wirklichkeit noch „Ich" nennt. Je weiter man es wegrückt, desto weniger hat es mit meinem persönlichen Leben irgend eine reale Einheit und Seinsverbundenheit mehr aufzuweisen, hört also auf, zu meinem Ich zu gehören. Es mag vielleicht ein „Ich-für-sich" sein, aber mir eignet es nicht einmal mehr als alter ego.

Lassen wir also in diesem Fall lieber die verwirrende Redeweise fallen und gestehen offen, dass wir alsdann die fragliche Potenz als eine selbstherrliche Hypostase oder als ein substantielles göttliches Wesen denken. Wenn nun dies der philosophischen Profanität zu lieb in schlechthin abstrakter und unpersönlicher Weise geschieht, so kommt erst recht ein Widersinn heraus. Man ehrt alsdann mit aller Geflissenheit ein Wesen und scheut sich ängstlich, es zu beleidigen, obgleich man wohl weiss, dass es von Beidem nicht das Mindeste hat. An jenem vermag es seiner fühllosen Natur nach keine Freude, und über diesem keinen Schmerz oder Zorn zu empfinden. Alle meine positiven und negativen Bemühungen um dieses Wesen wären, stark ausgedrückt, ein aprioristisch-philosophischer Kultus, kaum viel besser, wie jener, den die

Baalspriester auf dem Berge Karmel ihrem schlafenden oder verreisten Gotte erwiesen. Nein! Da ist mir in diesem Fall doch die theologische Vorstellungsweise noch weit lieber, welche an ihrem persönlichlebendigen Gott wenigstens ein sinnhaftes Objekt der sittlichen Beziehung besitzt. Was auch immer in anderer Hinsicht gegen jenen Gedanken des Theismus eingewendet werden mag, so ist es jedenfalls eine in sich geschlossene und durchführbare Phantasieanschauung, aus ehrfurchtsvoller Liebe zu einem empfindungsfähigen Gotte das Gute zu thun und das Böse zu lassen.

Zugleich aber zeigt sich, dass wir auch hiemit wieder dem teleologisch unentrinnbaren Wohlprinzip verfallen. Wie so denn? wird der antieudämonistische Theolog fast entrüstet fragen. Ist doch hier das sittliche Auge schlechterdings aufwärts zum Ideal des ansichseienden Guten und Heiligen gerichtet, und verschmäht es, auch nur mit dem leichtesten Seitenblick nach dem Wohl und Wehe der eigenen oder fremden Person zu schielen. Wenn irgend Einer, so gewährt dieser theologische Standpunkt mit seiner idealen Erhebung über alle irdische Lust und Unlust die volle sittliche Reinheit des Guten als eines Zwecks ansich, und bildet damit das Gegentheil von allem Eudämonismus. Ganz recht! erwidere ich. Die Rücksicht nicht nur auf den eigenen Vortheil, sondern auf menschliche Lust und Unlust überhaupt sei bei lauterer Durchführung jener Theonomie allerdings verbannt. Aber tritt dann nicht dafür die Rücksicht auf Gottes Freude am Guten und auf seinen Schmerz oder Unwillen über das Böse als vollwiegender Ersatz an die Stelle? Es ist zwar ein einziges Wesen geworden, dessen Befriedigung man in solcher Art suchen zu sollen glaubt und dessen wehethuende Verletzung man scheut. Aber es ist dafür das höchste Wesen, welchem man dient; jenes Unum wird durch das unicum und absolutum mehr als aufgewogen. Was die Lust als letzten Zweck betrifft, bleibt sich die Sache dennoch so ziemlich gleich.

Aus diesem Grunde wiederholen sich auch auf der

theologisch-höheren und schon darum schwierigeren Stufe völlig dieselben Einwände, welche wir früher von philosophischer Seite gegen den Eudämonismus überhaupt sogar in seiner selbstlosen Gestalt der Liebe erheben hörten. Man denke an den berühmten Streit des 17. und 18. Jahrhunderts über die „uninteressirte Liebe zu Gott." Wo es sich dabei nicht in erster Linie blos um die ganz lobenswerthe Beseitigung aller transcendenten Lohnsucht oder also des frommen Egoismus handelte, sehen wir in den betreffenden Verhandlungen von dem ehrwürdigen Fénélon als einem theologischen Kant genau die obigen Bedenken der Kritik d. pr. V. mit allen ihren keineswegs immer ableugenbaren Künstlichkeiten antizipirt.

Was nun im Ganzen diese theologische Fassung der Moral betrifft, so erkannten wir im Obigen gerne die relativen Vorzüge ihrer Anschauungsweise vor einem gar zu luftigen philosophischen Sublimat an. Daneben müssen wir nun aber ebenso unsere erheblichen Bedenken äussern, selbst wenn wir von allen andern Schwierigkeiten absehen und nur auf das speziell Ethische reflektiren. Es dürfte denn doch von Kant und Fichte vollkommen richtig sein, dass sie mit allem Nachdruck betonen, wie Gott niemals der direkte Gegenstand unseres Wollens und Thuns, somit überhaupt kein ethisches Objekt sein könne. In dieser Hinsicht tritt die Menschheit und weiterhin die greifbare Wirklichkeit auch der andern Weltwesen an seine Stelle. Sucht das sittliche Streben ein Ziel und Objekt, so heisst es unter Hinweis auf die Welt: Hic Rhodus, hic salta! Es liegt zwar bei der engkorrelativen Beziehung von Gott und Welt für die ungeheuchelt ächte Frömmigkeit ziemlich ferne, durch den Blick in die Höhe für die Welt verloren zu gehen und hier dem ethischen Quietismus zu verfallen, der besser fromme Trägheit hiesse. Meist wird vielmehr der Weg über den Gottesgedanken doch wieder zur Welt und Menschheit zurückleiten. Indessen können uns die Beispiele der Geschichte trotzdem belehren, dass jene Gefahr nicht schlechthin ausgeschlossen ist.

Kehren wir jedoch von diesem gelegentlichen Exkurs

auf die theologische Haltung der Moral wieder zur profanphilosophischen Nüchternheit zurück und nehmen unsere kritische Analyse der Kant'schen Triebfeder des Guten noch einmal auf. Ihre erste Deutung führte uns hart an die Grenze eines feinen Egoismus; die zweite ergab eine werthlose Hypostase des unpersönlichen Sittengesetzes, vor der die theologische Anschauung den Vorzug weit verdienen würde. Es bleibt nun noch eine dritte Auslegung übrig, welche Kant selbst nahe legt, indem er so entschieden gegen die Fassung Gottes als des direkt ethischen Objekts anstatt der allein greifbaren Menschheit polemisirt. Auch nennt er als richtige moralische Triebfeder neben der „Achtung vor dem Gesetz" wiederholt die „Achtung vor der Würde der Menschheit." In dieser Wendung scheint mir das ganz Richtige zu liegen und die dünne Luft einer allzulebensfernen Abstraktion endlich mit der soliden Atmosphäre des Lebens vertauscht zu werden. In der That ist es ganz und gar die Menschheit, um welche es sich handelt und an die sich ohne Schwierigkeit als Gegenstände des Sittlichen niederere und höhere Wesen soweit erforderlich angliedern lassen.

Schon das Sittengesetz oder das Gewissen erhält profaner Weise, wie wir bereits früher sagten, einen fassbaren Sinn nur dann, wenn wir es als die überpersönliche und darum identische Stimme der Menschheit in uns Allen denken. Es ist die Seite des menschheitlichen Grundwillens in uns, welcher wie jeder Wille schliesslich Wohl will, also seinerseits das allgemeine Menschheitswohl verlangt oder die selbstlose Liebe zur Menschheit fordert, an welcher nach dem schönen Wort der späteren Stoiker der Einzelne $\mu\acute{\epsilon}\lambda o\varsigma$ und nicht blos $\mu\acute{\epsilon}\rho o\varsigma$ ist. Wie wir schon wissen, unterscheidet nun aber Kant mit jeder sorgfältigeren Ethik von dieser un- oder überpersönlichen Gesetzesforderung des Guten als dem objektiven Bestimmungsgrund des Handelns noch den subjektiven Bestimmungsgrund oder die eigentliche Triebfeder, durch welche das Individuum zur Aufnahme jener ihm gegenüberstehenden Forderung in seinen persönlichen Willen sich vermögen lässt. Allerdings gesteht er ehrlich, dass dies in letzter Instanz „für die menschliche Vernunft ein unauflösliches Problem und mit dem einerlei sei, wie ein freier Wille möglich ist" IV, 184. Denn wirklich liegt zwischen der Gewissensforderung und ihrer persönlichen Annahme genau „jenes schwere Problem der Freiheit, das Einige mit einer kleinen Wortklauberei aufgelöst zu haben meinen, da doch Jahrhunderte an dessen Auflösung vergeblich gearbeitet haben, die daher wohl schwerlich so ganz auf der Oberfläche gefunden werden dürfte" IV, 212.

Trotzdem lässt sich die Bewegung des Zusammenschlusses von unpersönlichem Gesetz und persönlichem Willen noch ein paar Schritte weit verfolgen und zeigen, in welcher Art sich jenes zum Behuf der eventuellen Aufnahme dem Individuum ins Gemüth lege oder „insinuire." (So glaube ich die schwierige Stelle Kritik der pr. V. IV, 184 verdeutlichen zu sollen, welche lautet: „Also werden wir nicht den Grund, woher das moralische Gesetz in sich eine Triebfeder abgebe, sondern was, wofern es eine solche ist, sie im Gemüth wirkt, besser zu sagen wirken muss, apriori anzuzeigen haben").

In der näheren Fassung dieser Triebfeder weichen wir freilich wieder von Kant's Formulirung ab und benützen den konkreteren Boden, welchen uns bereits die obige Fassung des Gewissens als Menschheits-Stimme oder Wille geliefert hat. Findet doch jener Philosoph seinerseits trotz der redlichsten Mühe mit seiner Triebfederuntersuchung im Grunde genommen nichts, sondern erklärt offen: „Es zeigt sich hier, man muss es frei gestehen, eine Art von Zirkel, aus dem, wie es scheint, nicht herauszukommen ist" IV, 77 f. Mit andern Worten kommt er entweder auf ein wenigsagendes idem per idem, oder auf jene bedenklichen Personifikationskategorien hinaus, welche jedenfalls bei profaner Grundanschauung einigermassen mythologisch klingen.

Wir haben nun längst gesehen, dass Nichts den Willen im Innersten fasst, als Wohl und Wehe; also wird just der persönlichen Willensseite, um die es sich bei der Triebfeder handelt, schliesslich auch nur durch persönliches Wohl oder Wehe beizukommen sein. So sollte also das Sittengesetz oder Gewissen durch Hoffnung und Furcht locken und drohen? Gewiss wären dies greifbare und verständliche persönliche Motive; aber mit ihnen kann sich das Sittengesetz nicht abgeben, ohne sich wegzuwerfen. Es kann nicht dulden, dass zwischen seine eigene Forderung und den aufnehmenden ,Willen ein fremdartiges Motiv trete. Was hiesse doch auch in concreto eine selbstlose Liebe, die nicht aus Liebe erfasst und geübt würde? Es muss gewissermassen, unter der Bedingung der Freiheit, ein unmittelbares Ueberschlagen des Gesetzeswillens in den persönlichen stattfinden. Damit stünden wir aber wieder am alten Fleck und hätten statt einer Triebfeder keine!

Wie gelangen wir aus dieser seltsamen Verlegenheit heraus, welche sich indessen nicht minder auch bei Kant findet? Setzen wir einmal jenes persönlichst packende Wohl einfach in der Vergangenheit anstatt in der Zukunft an, und lassen somit den persönlichen Willen nicht durch Aussichten, sondern durch Rücksichten motivirt sein. Alsdann erhalten wir genau jenes „unmittelbare Ueberschlagen," oder als ungetrübtes Echo des Gesetzes die Liebe aus Dankbarkeit. Eine bessere und lebenswahrere Triebfeder als die letztere wüssten wir nicht zu finden. Sie packt, da sie mit dem Wohlbegriff eng liirt ist, und kann sich doch zugleich einer vollkommen unegoistischen Reinheit rühmen; denn sie ist das Gegentheil von Lohnsucht, sie will vergelten.

Der Mensch als Glied an dem solidarischen Organismus der Menschheit hat wenigstens direkt und profan betrachtet Alles, was er ist und hat, eben durch diesen Zusammenhang. Die materiellen, sozialen und geistigen Güter, in welche er mit seiner Geburt geniessend eintritt, verdankt er dieser Mitgliedschaft und der zusammenhängenden Arbeit von Jahrhunderten. Ist er doch nicht nur ein ζῶον πολιτικόν, sondern vor Allem ein ζῶον ἱστορικόν, welches losgelöst vom Lauf der Geschichte Nichts ist, noch bedeutet. Den Dank aber, welchen er der Vor- und Mitwelt schuldet, erstattet er der Mit- und Nachwelt, welche Phasen sämmtliche zusammengehören.

Solche Gefühle lernt er zunächst im engen Kreis des elterlichen Hauses als Familienpietät hegen und üben, wesshalb wir schon einmal auf die hohe ethisch-pädagogische Bedeutung der Familie hinwiesen. Zwar ist einzuräumen, dass die Naturverbundenheit ihrer Glieder etwas Spezifisches an sich hat, das von den allgemeinmenschlichen Beziehungen des Sittlichen noch verschieden ist. Indessen bilden sich doch im länger dauernden Verlauf des ehlichen, elterlichen, kindlichen und geschwisterlichen Zusammenlebens die allmählichen Stimmungsübergänge aus der engeren Naturbeziehung zur umfassenderen Menschheitsbeziehung des Gefühls und Willens von selbst heraus. Auf Grund dessen erweitert sich mit der Zeit der Blick des Familienglieds und richtet sich auch auf Gemeinde und Vaterland, um endlich bei den Weitestblickenden die ganze Menschheit zu umfassen und zum Pietätsgefühl der „Menschenkindschaft" zu werden. Die Masse wird freilich den letzten Schritt höchstens sehr dumpf und instinktiv thun; dafür wird sie sehr bald schematisch auf den Gottesbegriff überspringen, um auf diesem Umweg einer Phantasievereinfachung zur erforderlichen Menschenliebe zu gelangen. Gelegentlich bemerkt liegt es uns sehr ferne, diesen Hintergrundsgedanken des Göttlichen für die Ethik an sich zu verwerfen; nur können wir ihn bei einer profanphilosophischen Untersuchung zunächst nicht im Vordergrund brauchen.

Endlich ist es klar, dass unsere Triebfeder der Dankbarkeit auch das sittlich unerlässliche Moment der Pflicht und Schuldigkeit vollkommen wahrt. Wenngleich immerhin der Freiheit, so ist das Gute dennoch keineswegs dem persönlichen Belieben anheimgegeben; ebensowenig bleibt ein Platz für die Verdienstlichkeit oder gar für Ueberverdienstlichkeit des ethischen Lebens. Schon die gewöhnliche Sprache liebt es, bei Verpflichtung oder Verpflichtetsein gegen einen Andern mit Vorliebe an Vergeltungs- oder Dankbarkeitspflicht zu denken; so nahe fühlt sie beide

Momente zusammengerückt. Vollends deutlich ist dies bei den Begriffen Dankbarkeit und Schuldigkeit, sofern jene ja eben ein ideelles oder reelles Wiedererstatten und Zurückzahlen eines Vorempfangenen oder einer „Schuld" bedeutet. Es ist merkwürdig, wie nahe auch Kant einmal an diesen Gedanken anstreift, wenn gleich seinem so stark entwickelten kriminalistischen Sinn die Zweideutigkeit des Wortes Schuld (debitum — culpa) einigermassen störend dazwischen zu kommen scheint. Er tadelt die „Romanhelden, die, indem sie sich auf ihr Gefühl für das überschwängliche Grosse viel zu gute thun, sich dafür von der Beobachtung der gemeinen und gangbaren Schuldigkeit freisprechen." Hiezu fügt eine Anmerkung bei: „Handlungen, aus denen grosse uneigennützige theilnehmende Gesinnung und Menschlichkeit hervorleuchtet, zu preisen ist ganz rathsam. Aber man muss hier nicht sowohl auf die Seelenerhebung, die sehr flüchtig und vorübergehend ist, als vielmehr auf die Herzensunterwerfung unter Pflicht, wovon ein längerer Eindruck erwartet werden kann, aufmerksam machen. Man darf nur ein wenig nachsinnen, man wird immer eine Schuld finden, die er sich irgend wodurch in Ansehung des Menschengeschlechts aufgeladen hat (sollte es auch nur die sein, dass man durch die Ungleichheit der Menschen in der bürgerlichen Verfassung Vortheile geniesst, um deren willen Andere desto mehr entbehren müssen), um durch die eigenliebige Einbildung des Verdienstlichen den Gedanken an Pflicht nicht zu verdrängen" IV, 279 f.

Hiemit haben wir unsere kritische Analyse der Kant'schen Bedenken zu Ende geführt, womit sich zugleich die positive Korrektur der Hauptbegriffe verbinden liess. Täuschen wir uns nicht, so dürfte durch alles Vorstehende erwiesen sein, dass in der That ein selbstloser Eudämonismus, oder mit konkreterem Ausdruck eine weise, auf möglichste Beglückung der Mitwesen bedachte Liebe das allein richtige und definitiv haltbare ethische Prinzip ist. Muss es doch selbst der entschiedene Gegner nolens volens als mehr oder minder klare Konsequenz verborgen in sich tragen, will er nicht bedenklicher Leerheit oder gar dem direkten Gegentheil dessen verfallen, was er so ernstlich und rühmlich im Auge hat.

Von hier aus wird es vollends relativ leicht sein, nach Beseitigung der prinzipiellen Haupteinwände noch einige nebensächliche Bedenken gegen unseren Schützling, das Wohlprinzip, in Kürze zu erledigen.

Es ist nun schon einmal von Haus aus sein Schicksal, mit andern Gestalten verwechselt zu werden. So kommt es denn auch nicht selten vor und findet sich wiederum bei Kant als Nebenmoment, dass dasselbe vom Misstrauen bewusst oder unbewusst in diskreditirende Nähe mit dem sogenannten Hedonismus gebracht wird. Wie verhält es sich mit dem Recht oder Unrecht des Vorwurfs, welcher darin ausgesprochen liegt? Als Vertheidiger jenes Prinzips haben wir uns natürlich zum Voraus wieder allen Egoismus ausgemerzt zu denken. Alsdann aber ist ohne krankhaft manichäische Denkungsart und Gefühlsweise zunächst nicht abzusehen, inwiefern etwas sittlich Verwerfliches und nicht vielmehr etwas ganz Lobenswerthes darin liegen sollte, wenn eine selbstlose Liebe auf Beförderung von körperlichem Wohlsein, ja sogar von sinnlicher Lust geht oder auf Hebung des Gegentheils bedacht ist. Hat doch der hochachtbare Stand des Arztes nichts Anderes zum Lebensberuf; nicht minder widmen sich Dem die aufopfernde Krankenpflegerin und der Mutterliebe zarte Sorgen, die den Lebensmorgen des Kindes bewachen.

Damit ist aber fürs Zweite durchaus nicht ausgeschlossen, dass die weise Liebe hinsichtlich des erstrebten Wohls recht erhebliche Art- und Gradunterschiede machen kann und muss. Sie wird sich dabei nicht blos von den bekannten quantitativen Unterschieden verschiedener Lust- und Unlustgattungen leiten lassen, welche schon die ethische Arithmetik von Epikur hervorhob; sondern es ist für das konkrete Lebensgefühl mehr als für den nachhinkenden Begriff zweifellos, dass sich jene Arten und Grade auch qualitativ und spezifisch von einander abheben und nach ihrem verschiedenen Werthe rubriziren. Insbesondere wird sich das sittliche Gutsein des Anderen zugleich als das höchste eudämonologische Gutbefinden desselben wie nicht minder seiner Umgebung präsentiren und als die unerlässliche Bedingung alles wahren Glücks angesehen werden müssen. Desshalb wird es sich die Liebe als das Trachten nach dem wahren Wohl des Andern nicht nehmen lassen, die Arbeit an fremder ethischer Vervollkommnung oder Besserung geradewegs zu ihrer höchsten Aufgabe zu machen. In der hochgespannten Autarkie und Autonomie seiner Geistesanschauung, welche den an sich so wahren Gegendruck gegen die verflachende Verlegung des sittlichen Tribunals in die Aussenwelt bildet, meint zwar unser Kant wiederum, dass das Bemühen um fremde Tugendhaftigkeit keine sittliche Aufgabe ausmache; denn das Gutwerden könne und müsse ein Jeder nur für sich selbst besorgen. In letzter Instanz ist das freilich wahr. Wenn man aber den Freiheitsbegriff nicht ins Lebenswidrige steigert und damit unhaltbar macht, so ist klar, wie vieler Raum für die weitestgehende pädagogische Anbahnung und Nahelegung des Guten oder für die Fernehaltung und Austilgung des Bösen neben jener obersten Instanz der Selbstentscheidung noch übrig bleibt; und es leuchtet ein, dass es viel zu wenig ist, wenn Kant in dieser Hinsicht höchstens das Negative verlangt, dass man „Anderen keinen Skandal gibt" V, 220.

Es ist ein Glück, dass sich die wirkliche Praxis in derlei Dingen von keiner Theorie ernstlich beirren lässt. Nachwievor wird für Familie, Gesellschaft und Staat die Erziehungsaufgabe als Quintessenz und eigentlicher Herzpunkt ihrer ethischen Bedeutung bestehen bleiben. Und wir können nur wünschen, dass diese Erkenntniss namentlich auch hinsichtlich der Staats- und Gesellschaftsaufgabe noch immer weitere Fortschritte mache. Denn in gar manchen Fragen, welche sich hierauf beziehen, hat die neuere Entwicklung den früheren Einfluss der Kirche kurzerhand beseitigt, ohne entsprechend Sorge zu tragen, dass die entstandene Lücke nun auch profaner Seits gehörig ausgefüllt werde. Wir hoffen aber wiegesagt, dass das Leben und seine dringenden Bedürfnisse für die Nachholung des bisher noch Verabsäumten sorgen werden. Was nun das System als solches betrifft, so dürfte es z. B. bei Kant unverkennbar sein, wie missliche Konsequenzen jener abermals zuhochgespannte „Protestantismus" des Ethischen für eine Reihe von Anschauungen hat. Entgeistung oder Entseelung droht dem Begriff der Ehe und Familie; zu einer kaltformalistischen Rechts- und Polizeianstalt gestaltet sich der Staat. Für die Kirche ist eigentlich gar kein Platz mehr, wie sich in der ausdrücklichen Ethik von Kant deutlich verräth. Aber geistvoll und weitblickend, wie er dennoch war, bemerkt er den letzteren schweren Fehler selbst und bringt das Vergessene durch die bekannten Ausführungen der halbmoralischen „Religion innerhalb der Grenzen der blossen Vernunft", freilich nicht ganz ohne Inkonsequenzen nach.

Im Gegensatz zu dieser Kant'schen Privatsittlichkeit möchte ich fast den barock klingenden Satz aussprechen, dass es für das Individuum eigentlich gar keine Pflichten gegen sich selbst gebe. Das Jus sagt: In se ipsum nemo obligatur. Ob dies nicht vielleicht auch ethisch wahr ist? Die obligatio in se ipso oder die Pflichtthat an sich selbst ist damit keineswegs ausgeschlossen. Aber es besteht doch ein feiner Unterschied zwischen beiden Formeln; und beinahe glaube ich, dass die letztere egoismusfreier, also reiner ist. Nicht darum handelt es sich in erster Linie, aus sich selbst ein ethisches Kunstwerk zu machen, wie manche ästhetisirenden Ethiken es darstellen und womit jener oben verworfene Kultus des Privatgenius droht. Sondern dies ist die Absicht aller hochnothwendigen Arbeit, welche der Einzelne an der eigenen Person übt, dass er sich mit allen seinen Gaben und Kräften zu einem möglichst tüchtigen Organ für das Ganze ausbilde und ein brauchbares Mitglied der Gesammtheit aus sich mache. Andernfalls vermöchte nur die liebende Rücksichtnahme auf Gott eine derartige Privatethik vor dem Verdacht des feinen Egoismus zu bewahren, wie ich bereits zeigte, indem ich übrigens jenen transcendenten Gesichtspunkt aus dem unmittelbaren Gedankenkreis der philosophischen Ethik abwies. Manche, welche den bisherigen Ausführungen in der Hauptsache zustimmend folgten, werden wie ich beinahe fürchte an diesem Punkte stutzen und auf Grund dessen auch den vorherigen Beifall wieder zurücknehmen. Der Bogen deucht ihnen vielleicht nachgerade zu stark gespannt, so dass er breche. Berechtigt gegen gröbere und plumpere Formen, erscheint ihnen die jetzige Eliminirung des Egoismus sogar aus der sittlichen Selbstthätigkeit als eine unnatürliche Uebertreibung. Ueberhaupt aber sei die ganze Behandlung desselben denn doch beim Lichte betrachtet eine ziemlich lebenswidrige Ungerechtigkeit, welche sich wohl durch die Allmählichkeit ihrer Schritte eine Weile verbergen könne, um nunmehr zum klaren Durchbruch zu kommen. So weit also werde das Ich in schwärmerischem Fanatismus degradirt, dass sogar in dem hochwichtigen und tiefethischen Begriff nicht etwa von Rechten, sondern nur von Pflichten gegen sich selbst eine zu starke Werthbetonung desselben liegen solle! Was werde denn dann aus der sittlichen Selbstbildung, welcher wir doch nach zweifellosem Gewissensgebot alle Tage und alle Stunden als dem ersten und unerlässlichsten Geschäft obzuliegen haben? Der Mensch gehe bei dieser Anschauung als eine Art von moralischem „Hans guck' in die Luft" dahin, sofern er pflichtmässig stets seinen Blick auf Anderes und nie auf sich selbst gerichtet halte.

Allein auch abgesehen von der sittlichen Selbstarbeit sei es eben doch sogar [hinsichtlich der Güter und Vortheile des Lebens zu viel verlangt, wenn man von dem Ich die komplete Selbstvergessenheit fordere und ihm die Rolle des Dichters in Schillers Theilung der Erde als die einzig ethische Stellung zumuthe. Darin liege geradezu eine direkte Verletzung unseres eigenen eudämonistischen Prinzips. Denn schliesslich sei auch ich Einer von den vielen Empfindungspunkten, um die sich ja nach der ganzen bisherigen Ausführung Alles drehen soll. Somit sei nicht abzusehen, warum man diesen nächstliegenden Posten leer ausgehen lasse, anstatt ihm einen richtig proportionirten Antheil an dem erringbaren Gesammtglück zuzuwenden. Offenbar könne es sich nicht um gänzliche Abweisung des Egoismus handeln, welcher die nothwendige Folge einer realen Egoität sei; sondern nur eine richtige Disciplinirung desselben müsse verlangt werden. Eine sólche würde entweder im gerechten Koordiniren des Selbstischen und Fremden bestehen; oder es möge sogar wegen des arithmetischen Missverhältnisses zwischen dem Einzelnen und der Gesellschaft das Selbstische dem Fremden subordinirt werden, wenn Ersteres nur wenigstens in dieser Form zu Recht bestehen bleibe. Wer mehr verlange als dies, der huldige mit leeren Worten einer überfliegenden moralischen Schwärmerei, oder errege er sogar den Verdacht, dass seine Metaphysik ¡befangen von idealistisch-monistischen Voraussetzungen das Einzelsein überhaupt in der Weise mancher pessimistischen Gnostiker verwerfe.

In diesen Einwendungen, welche ich bei anderer Gelegenheit bereits kurz gestreift habe, welche aber nunmehr wohl die Mehrzahl meiner Leser in verstärktem Masse neuerheben wird, kann ich dennoch nicht umhin, ganz überwiegend Missverständnisse zu sehen. Ich behaupte vielmehr, dass das Berechtigte, was sie betonen, von meinen Voraussetzungen aus ganz ebensogut oder noch besser gewahrt werden kann.

Was z. B. die Arbeit des Ich an sich selbst betrifft, so kommt sie wahrhaftig dadurch nicht in Schaden, dass sie im Blick auf die Ansprüche betrieben wird, welche die engere oder weitere Umgebung und schliesslich die Gesammtheit an ihr jetziges oder künftiges Mitglied zu stellen berechtigt ist. Im Gegentheil liegt darin ein viel kräftigerer und nachhaltenderer Sporn, als wenn der Verpflichtungsgrund nur im Einzelich enthalten wäre, welches um so viel kleiner und schon desshalb ¡werthloser ist. Man erlaube mir eine Hypothese, welche allerdings chimärisch weit von aller Wirklichkeit abliegt, aber trotzdem als Beispiel den fraglichen Punkt scharf illustrirt. Auf einer einsamen Insel mit ausreichenden Subsistenzmitteln befinde sich ein normaler fertiger Mensch als das einzige lebende Wesen seines Eilands. Ohne allen genealogisch-historischen Zusammenhang mit analogen Wesen und nebenbei auch ohne Beziehung auf eine Gottheit führe er die kompleteste Privatexistenz, welche sich denken lässt. Dass in einem solchen Zustand alle Pflichten gegen Andere wegfallen, versteht sich von vornherein. Wie steht es aber mit den Pflichten gegen das eigene Selbst, welches wir jenem fingirten Privatmenschen vollständig gelassen haben? Auch sie sind hinfällig, sofern wir den einzig wahren Verpflichtungsgrund, nämlich ein empfindendes soziales Nicht-Ich weggedacht haben. Es ist völlig gleichgültig, wie jener hypothetische Mensch lebt; er kann thun, was er mag; so deutlich hängt alle und jede Sittlichkeit schliesslich an der Gesellschaft.

Lassen wir indessen lieber solche robinsonischen oder paradiesischen Hypothesen von künstlicher und schliesslich undurchführbarer Art, um bei dem etablirten Welt- und Geschichtsverlauf zu bleiben, welcher immer schon geselliges Zusammensein voraussetzt. Im letzteren liegt nun, wie ich behaupte, der vollgenügende Grund, um jede vernünftige Art von Erhaltung und Ausbildung meiner eigenen Kräfte und Interessen nicht nur zuzulassen, sondern zu fordern. Es ist meine Pflicht, nach einer erspriesslichen Lebensstellung und dabei etwa auch nach einer gesicherten pekuniären Situirung zu trachten; denn Derartiges ist die Basis meiner ungehemmten freudigen Wirksamkeit. In männlichfester, natürlich nicht in kleinlichtempfindlicher oder kindischer Weise habe ich meine Ehre und meinen guten Namen zu wahren, da dies die Bedingung für meinen Einfluss auf Andere und für meine heilsame Arbeit an ihnen bildet. Ich habe meine ganze Individualität zu einem klar markirten Charakter auszugestalten; denn jedes Ich hat wenigstens der Anlage und Idee nach einen individuellen Beruf in der Welt zu erfüllen und darf desshalb der Gesammtheit diesen einzigartigen Beitrag nicht entziehen, noch durch verschwommene Selbstnivellirung schmälern.

Es hat über sich selbst gewissermassen wie über ein anvertrautes Gut zu wachen, von welchem es seinem Volk, seiner Zeit und schliesslich der Menschheit Rechenschaft schuldig ist. Denn in der That ist das Meiste, was wir sind und haben, nur fremde überkommene Gabe, die sich ethisch sogleich in Aufgabe verwandelt. Was also irgend in der Linie der Selbstsorge von ideellen und reellen Momenten genannt werden mag, fügt sich meiner Grundanschauung aufs Ungezwungenste und ohne Abzug ein. Aber allerdings wird das ethische Ich sich selbst in letzter Instanz stets nur als dienendes Organ und Mittel für die Zwecke des lebendigen Nicht-Ich oder der Mitmenschheit betrachten und jede persönliche Errungenschaft in Wahrheit blos wegen ihrer direkten oder indirekten Verwerthbarkeit für das Ganze schätzen.

Natürlich gilt dies hin und her für alle einzelnen Ich's. Denken wir uns nun einmal das Prinzip der Selbstverleugnung allseitig durch das Ganze der Gesellschaft durchgeführt, so unterliegt es keinem Zweifel, wie bei diesem System zugleich die weitaus grösste Summe von Glück für alle herauskommt und unvergleichlich viel mehr Gesammtwohl resultirt, als wenn jeder Einzelne aufs Aengstlichste und Engherzigste nur für sich selbst sorgt. Somit fällt jedenfalls in der Idee und in der Vollendung, zwar völlig ungesucht, aber kraft der moralischen Weltordnung, Selbstverleugnung und höchster Selbstgewinn zusammen. Die christliche Ethik drückt dies allerdings zugleich mit transcendenter Beziehung in dem mystischen Paradoxon aus: Wer sein Leben verliert, der wird es gewinnen.

Man wird mir entgegnen, das sei eben nur Idee und ein nie erfüllter schöner Traum, dass Selbstverleugnung das allgemein herrschende Prinzip bilde. Einstweilen werde trotzdem der Einzelne, welcher es für seine Person übe, gegenüber von der überwiegenden Mehrzahl zu kurz kommen, die es an Gegenseitigkeit fehlen lasse. Gewiss liegt hierin ein schwerer Uebelstand, und ohne Zweifel verschuldet die Menschheit ihr meistes Uebel selbst. Aber dennoch frage ich: Sind denn wirklich diejenigen glücklicher, welche ihr

Leben auf rücksichtslose Selbstsucht gestellt, sind sie glücklicher, die Gründer und Streber und die modernen Heroën des Kampfes ums Dasein, glücklicher, als jene Selteneren, welche in der Selbstverleugnung das Wahre erkannt haben und an ihrem bescheidenen Theile üben? Es wird wohl Niemand ernstlich schwanken, wie er zu antworten hat. Trotz aller Lücken dieser unvollkommenen Welt mit ihren Abschlagszahlungen statt des Ganzen, haben doch die letzteren Menschen das bessere Theil erwählt, sofern auf ethischem Standpunkt Geben allerdings seliger ist, als Nehmen.

Auf Grund solcher Erwägungen vermag ich nicht zuzugeben, dass ich in der Elimination des Egoismus zu weitgegangen sei und dadurch unversehens sogar mein eigenes Hauptprinzip des Eudämonismus verletzt habe. Die Selbstheit kommt in Wahrheit nicht zu kurz, auch wenn alle Selbstsucht abgewiesen wird, sondern sie hat nachträglich die grösste Förderung davon.

Desshalb kann ich mich auch nicht auf das englischkonstitutionelle Halbpartsystem von Egoismus und Nichtegoismus einlassen, ob man nun des Näheren für beide Glieder Koordination oder Subordination ansetzt. Denn ich muss das für prinziplos und für eine Verletzung des Satzes halten, welcher auch in der Ethik tiefwahr ist: Niemand kann zwei Herren dienen! Oder wie Homer es ausdrückt: Οὐκ ἀγαθὸν πολυκοιρανίη, εἷς κοίρανος ἔστω. Ebenso bin ich hierin wieder ganz mit Kant einverstanden, wenn er einmal sagt: „Es liegt aber der Sittlichkeit überhaupt viel daran, keine moralische Mitteldinge weder in Handlungen, noch in menschlichen Charakteren, solange es möglich ist, einzuräumen, weil bei einer solchen Doppelsinnigkeit alle Maximen Gefahr laufen, ihre Bestimmtheit und Festigkeit einzubüssen. Man nennt gemeiniglich die, welche dieser strengen Denkungsart zugethan sind (mit einem Namen, der einen Tadel in sich fassen soll, in der That aber Lob ist) Rigoristen; und so kann man ihre Antipoden Latitudinarier nennen. Diese sind entweder Latitudinarier der Neutralität, und mögen Indifferentisten, oder der Koalition, und können Synkretisten genannt werden" VI, 181. Ganz besonders in unserer Gegenwart scheint es mir von höchster Wichtigkeit, dem Egoismus so entschieden als nur irgend möglich entgegenzutreten. Denn das Manchesterthum hat zunächst auf seinem gefährlichen Spezialgebiet in doktrinärem Spielen mit dem Feuer diesen Dämon entfesselt, und es ist ihm dabei gegangen, wie es das Sprüchwort von „dem Teufel und dem kleinen Finger" sagt. Die Einwendungen, mit welchen ich mich im Vorstehenden nothwendig auseinandersetzen musste, legten sich bei dem Punkt des sittlichen Arbeitens an sich selbst und an Anderen nahe; aber eigentlich besassen sie eine weit grössere Tragweite für das Ganze. Kehren wir nunmehr zu unserem früheren Zusammenhang zurück und erwägen die negative Kehrseite zu der hochwichtigen Arbeit an fremder Vervollkommnung, oder den energischen Kampf gegen das Böse. Auch er ist von unserem Standpunkt des Eudämonismus im Sinne der selbstlosen Liebe nicht im Mindesten ausgeschlossen, wie die Gegner abermals mehrfach meinen und z. B. auch Kant IV, 139 f. argwöhnt.

Die bisherige Entwickelung dürfte uns vor dem Verdachte schützen, dass wir Böses und Uebel gröblich verwechseln und etwa die plumpe Ansicht hegen, welche Plato einmal an den Sophisten bekämpft, wenn er im Philebus sagt: „Es ist unvernünftig zu behaupten, dass es nichts Schönes und Gutes gebe, als nur in der Lust; und den müsse man schlecht nennen, welcher Schmerz habe, gut aber den, der Lust fühlt, und zwar je mehr Lust, desto besser sei er." Ueber derartige Anfangsgründe ethischen Unterscheidungsvermögens sind wir Alle denn doch hinaus! Damit ist aber völlig vereinbar, dass für das reingefasste Wohlprinzip das Bösesein des Anderen als Uebel, ja als „der Uebel Grösstes" für den Betreffenden und seine Umgebung sich darstellt und dadurch zum spornenden Motiv des abhülfesuchenden Besserungswillens wird. Setzen wir allerdings für einen Augenblick den Fall, dass das Böse zwar „böse," aber in keiner direkten oder indirekten Weise für den Besitzer oder Andere ein Uebel wäre, dann fiele in der That für unsere nichtformalistische Anschauung aller vernünftige Grund weg, gegen dasselbe einzuschreiten und sein harmloses Dasein zu behelligen, welches Niemand wehe oder Abbruch thäte. Allein die ganze Hypothese ist gerade nach unserer materialen Fassung des Guten und Bösen von Anfang an ein Unsinn, der sich selbst aufhebt. Somit ist es bei scharfer Unterscheidung in keiner Art eine Verwässerung oder Abschwächung des Bösen, wenn wir es eudämonistischer Seits wirklich als Uebel $\varkappa$. t. am Andern auffassen und behandeln.

Nur dies Eine müssen wir unumwunden einräumen, dass uns die Konsequenz der Gedankenentwickelung nöthigt, nolens volens bei der hier einschlagenden Strafe des Staates den bekannten Vergeltungsstandpunkt fallen zu lassen oder ihn doch wenigstens blos als untergeordnetes Direktiv des Strafansatzes beizubehalten. Keine Abweichung von Kant fällt uns schwerer, als diese. Allein wir können sie nicht vermeiden und müssen, gezwungen von unseren eigenen Vordersätzen gegen frühere Ueberzeugung dem Seneka'schen Satz der weicheren römischen Stoa beitreten: Nemo prudens punit, quia peccatum est, sed ne peccetur.

Zum Ersatz bietet uns aber gerade unsere Ansicht vom Sittlichen die volle Möglichkeit, im Interesse des ethischen Ernstes, wie der öffentlichen Zucht und Sitte um so kräftiger und energischer die andern üblichen Gesichtspunkte der Strafrechtstheorie geltend zu machen. Denn wir wissen uns zugleich von der atomistischen Beschränkung des Blicks auf das Individuum frei und betonen fortwährend den Zusammenhang des Ganzen der Gesellschaft. Uns bindet alsdann keine doktrinäre Befangenheit in windigen Formeln und hochtönenden Abstraktionen, welche besonders in neuerer Zeit so häufig in erster Linie dem Bösen zu Gute kommen und die Rechtsordnung schliesslich beinahe in die perverse Stellung bringen, zu einer Rettungs- oder Sicherungsanstalt des Unrechts zu werden. Härtere Zeiten charakterisirt man durch die drastische

Formel: Fiat justitia, pereat mundus! Dies können wir allerdings als einen fanatischen Formalismus nicht mehr brauchen. Ob sich aber nicht in weicheren Zeiten dieselbe zweckwidrige Abstraktion in der parodirenden Formel ausdrücken lässt: Fiat humanitas (oder libertas und andere Allgemeinheiten), pereant homines! Vor ein paar Jahren bemerkten wir in der Maienblüthe von verschiedenem Anderen und namentlich auch vom Doktrinarismus des herrschenden Zeitgeists bei Gelegenheit einer Besprechung des „modernen Pessimismus," dass sich doch wohl mannigfach auf diese und jene unzeitige oder missgegriffene öffentliche Massregel jenes Wort anwenden lasse, welches bekanntlich im Original an die Adresse der himmlischen Mächte gerichtet ist und also lautet:

Ihr schickt ins Leben uns hinein;
Ihr lasst den Armen schuldig werden.
Dann überlasst ihr ihn der Pein;
Denn alle Schuld rächt sich auf Erden.

Es ist ja natürlich, dass diese Bemerkung und ihre nähere Ausführung damals geschmäht und verschmäht wurde. Heute hat die Erfahrung deutlich genug gesprochen und gezeigt, wer Recht hatte: Der von seiner Doktrin fascinirte Zeitgeist, oder die verhältnissmässig Wenigen, welche zu warnen wagten.

Leibniz bezeichnet wiederholt die Gerechtigkeit als die Weisheit der Liebe. Nun, die wahre und vernünftige Liebe lässt Kinder nicht mit Messern spielen, mit welchen sie sich und Andere nur in den Finger schneiden und in die Augen stechen. Auch züchtigt sie dieselben unter Umständen ganz gehörig, d. h. ernstlich spürbar und nicht blos scheinbar, wie das moderne Strafrecht bei vielen Verbrechern verfährt; sie züchtigt jene zu ihrem eigenen Nutz und Frommen, sowie damit sie später in der Welt brauchbare Menschen werden. Und im Blick aufs Ganze wird unser Prinzip, gleichweit entfernt vom Götzendienst der harten wie der weichen Rechtsformel und Observanz, in derlei Sachen rundweg den allein lebenswahren Grundsatz zum öffentlich-praktischen Leitstern haben: Publica salus suprema lex! Wer sich z. B. durch seine Thaten als Unmensch beweist, und es gibt welche, wenn sie auch äusserlich Menschengesichter haben, der muss als brandiges Glied resolut amputirt werden, ehe er dem Organismus direkt oder indirekt weiteren Schaden bringt; denn er ist alsdann weit gefährlicher und für die Menschheit werthwidriger, als ein giftiges Thier, dessen man sich ja auch so rasch und entschieden als möglich entledigt.

Es liegt auf der Hand, dass wir bei diesen Betrachtungen das vielgenannte Schlagwort unserer Zeit, die moderne „Humanität" im Auge haben. Wenn wir sie im Prinzip betrachten, so hat sie zweifellos mit unserer eigenen Grundanschauung nahe Verwandtschaft. Und insofern können wir sie nur billigen, ja wir müssen wünschen, dass das immer stärker erwachende Solidaritäts- oder Familienbewusstsein der neuzeitlichen Menschheit noch weitere und recht erhebliche Fortschritte mache. Was wir aber ebensokräftig an jenem Zeitmotto tadeln und wodurch dasselbe mehr und mehr bei allen ernst und nüchtern Denkenden in so schweren Misskredit gerathen ist, das ist seine oft noch recht elementare Blindheit und Unvernunft. Fast möchte man denken und sagen, dass im inneren Fortschritt der Geschichte die individuelle Sentimentalität des vorigen Jahrhunderts sich für das unserige zur generellhumanen erweitert habe, ohne sich bei dieser quantitativen Ausdehnung auch schon die entsprechenden qualitativen Vorzüge vor jener beizulegen. Sie repräsentirt daher als Gesammtstimmung der Zeit höchstens die natürliche Gutartigkeit des ethisch unkultivirten Herzens, somit nur die erste Etappe zum Wahren, welches noch zu folgen hat. Dies zeigt sich auch darin, dass sie sich überwiegend erst negativ, d. h. vom unmittelbar präsenten Leiden mitleidig afficiren lässt; daher ihre oft so kurzsichtige und übelangebrachte Wehleidigkeit und Weichlichkeit gegenüber vom Verbrechen und Verbrecher. Weit weniger ist sie schon zu positiver Theilnahme und zu aktiven Opfern fortgeschritten, wie solche auf Grund der solidarischen

Zusammengehörigkeit der Gesellschaft etwa in der werkthätigsten Sorge für die unteren Volksklassen, die Arbeiter u. A. gebracht werden müssen.

Ich gestehe nämlich ganz offen, dass ich bei der stark sozialen Färbung meiner ethischen Grundbegriffe die Beziehung zur brennendsten Frage der Gegenwart klar und ruhig, aber zugleich warm im Auge habe, soweit Derartiges vom Standpunkt der Ethik aus zu beleuchten ist. Zwar weiss ich, dass man neuerdings in diesem Zusammenhang dem Wohlprinzip zuweilen auch die fatale Konsequenz unterschiebt, als führte es schliesslich schnurstracks in das chaotische Nivellement der Sozialdemokratie. Nach allem schon Entwickelten und noch zu Sagenden kann ich diese Folgerung ruhig abweisen. Sie ergäbe sich nur aus einem allerdings zuweilen sich regenden Eudämonismus von abstrakter und unvernünftiger Art, welcher lebenswidrig das juridisch-moralische suum cuique in ein flaches idem cuique verwandeln wollte. Desshalb bleibe ich uneingeschüchtert durch jene falsche Perspektive fest dabei, dass allerdings die ganz wünschenswerthe schneidigste Energie in der Repression des Brutalismus doch nur das erste Glied sein darf, welchem die eingehendste und aufopferndste Sorge für die positive Heilung und Hebung der betreffenden Schäden ebenso entschieden zu folgen oder zur Seite zu gehen hat.

Wenn wir unsere Hauptbedenken gegen die bisherige moderne „Humanität" drastisch zusammenfassen dürfen, so möchte man sich doch zuweilen bei derselben an eine gewisse Sorte von Liebe erinnert fühlen, welche nach den Darwinischen Vettern oder Ahnen der Menschheit genannt zu werden pflegt, somit noch weit zum wahrhaft Humanen hat. Die grossen Schäden moderner Jugendnichterziehung und Jugendbehandlung dürften, behaftet mit den gleichen Fehlern, das Analogon und die Vorstufe auch für grössere soziale Verhältnisse bilden.

Allem Bisherigen gemäss wird der wahre Eudämonismus einer vernünftigen Liebe ferne davon sein, immer nur am Nächsten und Unmittelbarsten hängen zu bleiben. Er wird vielmehr weit umsichtiger verfahren und grossartiger arbeiten, ähnlich wie der richtige Kaufmann nicht am jeweiligen kleinen Einzelvortheil klebt, sondern ins Ganze rechnet. Ein solcher wird unter Umständen auch Nachtheile und Einbussen ruhig hinnehmen, da sie durch den Totalgewinn eines wahrhaft vernünftigen umfassenden Geschäftsbetriebs weit überwogen werden. So wird nicht minder im Sittlichen schliesslich nur das ganze System des Handelns mit allen seinen Konsequenzen und Tragweiten massgebend sein, und niemals blos die unmittelbare Folge entscheiden, welche sich zunächst präsentirt. Kann es doch zuweilen geschehen, dass wenigstens für den beschränkten menschlichen Blick der klare Ausblick aufs Ziel nicht mehr möglich ist. Alsdann vertraut man auf die ausnahmslose Richtigkeit der Maxime, welche sich für die Mehrzahl der leichteren Fälle als heilbringend erwiesen hat. Dadurch kann die Gesinnung den vorübergehenden Schein annehmen, als ob sie ganz und gar von allem eudämonistischen Erfolg absehen würde, indem derselbe nur den letzten und eventuell verschleierten Hintergrund in der Ferne bildet, diesen aber auch gewiss.

Mit einem derartigen beschränkenden Zusatz kann ich mir gleichfalls Kant's „abstraktes" Pflichtbewusstsein gefallen lassen, welches ohne Rücksicht auf Wohl und Wehe schnurgerad und unbeirrt seinen Weg geht. Es abstrahirt von allen nächsten und greifbaren Folgen, indem die wahre Liebe in hoffendem Glauben überzeugt ist, dass in der umfassenden Oekonomie einer moralischen Weltordnung dem Guten seine Werke und Ergebnisse, natürlich in unserem unegoistischen Sinn, zuletzt dennoch sicher nachfolgen werden. Damit bleibt der eudämonistische Schlussgesichtspunkt auch hier, wenn gleich nur in der Form des idealen Glaubens bestehen, und wir sind daneben von dem banalen und kleinlichten Utilitarismus der Betrachtung und des Verfahrens durchaus bewahrt, welchen man, übrigens mehr als theoretischen, denn als eigentlich praktischen Mangel mit Recht verwerfen würde.

Unter dieser Bedingung wage ich es, unserem Prinzip sogar auf dem stolzen und spröden Boden des wissenschaftlichen Lebens sein gutes Recht zu vindiziren. Das bekannte Wort des Aristoteles klingt hoch und bestechend, wenn er auf dem Höhepunkt der griechischen Wissenschaft ausrief: Die Theorie ist das Schönste, weil sie nichts nützt. Nimmt man jedoch das Letztere im vollen Ernst und strengsten Sinn, dann wird der Satz zu einer hochtrabenden, aber sinnleeren Phrase. So kann es freilich der grosse Träger des Zweckgedankens in der alten Welt nicht verstanden haben, welchem doch sonst „τὸ τέλος ἄριστον" ist.

Selbstverständlich ist es nun gemeine Banausie, wenn die Wissenschaft nur als egoistisches Brodstudium betrieben wird oder nach Schillers derbem Worte nur die Kuh vorstellt, welche ihren Besitzer mit Butter versorgt. Auch das kann ihrem Gang als Wissenschaft nicht förderlich sein, wenn sogar in selbstloser Weise, aber mit ungeduldiger Hast nach den realen Früchten ausgespäht wird, welche diese oder jene Entdeckung für die Gesellschaft bringen kann. Wo nicht ein dringendes Bedürfniss mahnt, wird derartiger Gewinn am besten als fructus adventicius betrachtet, welcher einem wirklich eindringenden Forschern etwa als technische Anwendung einer entdeckten Wahrheit früher oder später von selbst zufällt. Zugestanden sei endlich sogar von dem rein idealen Gewinn, welchen der Fortschritt der Wahrheitserkenntniss als edelster Nahrung dem Menschengeiste klärend, erhebend und erfrischend gewährt, dass selbst er nicht in vorzeitiger Eile geerntet sein will, ehe gesät und die Frucht gereift ist. Auch in der Wissenschaft gibt es eine gar komplizirte Verkettung von Mitteln und Zwecken, von anbahnenden Vorarbeiten und abschliessenden Ausführungen. Sie gehören im System des Ganzen schlechterdings zusammen. Der redliche Forscher, welcher voll und ganz mit jener ersten unerlässlichen Seite beschäftigt ist, mag einstweilen die zweite ganz in den Hintergrund stellen oder beinahe vergessen. Es mag ihm etwa in mühsamen und trockenen Detailforschungen selbst so vorkommen, als ob sein Dienst lediglich nur der hehren „Göttin Wahrheit" als solcher gälte. Wäre dies aber in der That das allerletzte Wort, und stünde nicht in fernster Perspektive trotz Alledem die Hoffnung, dem Menschengeschlecht in seinen konkreten Individuen irgend einen Dienst damit zu thun, dann müsste ich auch dies für einen Götzendienst der formalen Abstraktion erklären. Denn was hat jene Hypostase „Wahrheit" davon, dass ihr gedient und gehuldigt wird? Sie für eine Göttin, also für eine Selbstwesenheit zu erklären, ist eine poetische Metapher und nichts weiter; man kann sie sich gerne als regulatives Prinzip gegenüber von einem zudringlichen und übereilten Eudämonismus gefallen lassen, aber sie darf sich nicht als definitiv konstitutives Prinzip zu einem intellektualistischen Absoluten aufblähen.

Eine derartige Mahnung scheint mir namentlich in unserer Zeit nicht ganz überflüssig, welche den unverkennbaren Hang zu jenem formalistischen Intellektualismus und damit zu einer nicht mehr ganz ethischen Selbstwerthung des Wissens besitzt, was sich natürlich am stärksten an den berufenen Pflegestätten der Wissenschaft zeigt. So harmlos zunächst jene poetische Lizenz und Metapher von der „Göttin Wissenschaft und ihrem Kultus" erscheint, so bedenklich sind unter Umständen ihre praktischen Folgen. Kehren doch in völlig profanem Gewand gar vielfach dieselben schweren Fehler wieder, über welche man sonst so hoch erhaben zu sein glaubt, dass man sie an den kirchlichen und theologischen Kreisen nicht bitter und höhnisch genug tadeln kann. Jenes alte „extra ecclesiam nulla salus" wiederholt sich als intolerantes Parthei- und Coteriewesen, welchem die spezielle Richtung und ihre Förderung oder auch die Förderung durch sie weit mehr gilt, als die gemeinsame Sache. Ein giftiger Ton schleicht sich in die wissenschaftliche Diskussion ein und verwandelt den energischen Ausdruck kräftiger Ueberzeugung und sachgemässer ernster Polemik in die eitle Befriedigung persönlicher Gereiztheit oder rachesüchtig-egoistischer Ranküne. Man lässt sich passiv beherrschen von der naturalistischen Stimmung des Augenblicks, welche für sich allein meist schlecht oder doch sehr zweifelhaft ist, statt sich aktiv in die reine Luft eines idealen Gleichmasses von dauernder Haltbarkeit aufzuschwingen. Sittlich geweiht und gegen manche derartige Abirrungen oder starke Menschlichkeiten gefeit ist auch die Arbeit des Gelehrten und Forschers nur dann, wenn selbst in seiner stillen und zurückgezogenen Einsamkeit noch ein erwärmender Hauch von dem Geist des obersten sittlichen Prinzips der Liebe als unsichtbare gute Fee waltet.

Es ist kaum mehr ein Nebenbedenken, sondern fällt beinahe mit den erledigten Haupteinwürfen gegen den Eudämonismus als Wohlprinzip zusammen, wenn man ihm zum Schlusse eben nochmals hartnäckig Schuld gibt, dass er auch abgesehen vom Rechtlichpolitischen für die Ethik überhaupt das hochwichtige Moment der Zucht und Ordnung, der Strenge und Disciplin verwerflich lockere und aufweiche. Ich kann dies nach allem Erörterten und wiederholter Anstreifung dieses Punkts durchaus nicht zugeben. So entschieden wie Kant halte ich es als eine seiner grössten und werthvollsten philosophisch-ethischen Wahrheiten fest, welche übrigens ehrlich gesagt aus dem Gedankenkreis der christlichen Ethik stammt, dass es sich bei dem Gutwerden um die Herstellung einer andern Natur, als der unmittelbar gegebenen handelt. Gerade das Gegentheil unseres Guten, die Selbstsucht, ist nun unverkennbar das Gepräge des Menschen, welches ihm in seiner empirischen Natürlichkeit anhängt und das er radikal vom anfänglich eingenommenen Throne zu stossen hat. Die selbstlose Liebe dürfte demnach keineswegs etwas so gar Leichtes und jedenfalls nicht leichter sein, als jene nur formallogische Korrektheit des Handelns nach dem kategorischen Imperativ. Führte es nicht am Ende in Wortklaubereien, so liesse sich gerade umgekehrt gegen das „herzlose" opus operatum einer derartigen Unterwerfung unter das Sittengesetz beinahe der Vorwurf erheben, dass sie sich mit der Vorhalle des Sittlichen zufrieden gebe. Was sie verlange, sei doch schliesslich nur aprioristische

Legalität; denn es werde ihr mit dem Opfer des Kopfes oder Eigensinns statt mit dem weitgrösseren des Herzens oder Eigenwillens Genüge gethan. Zudem kann ja ein nüchterner Realismus nicht umhin, offen einzuräumen, wie gar wenig natürliche Liebenswürdigkeit die empirische Menschheit an sich trage. Und dennoch soll man sie ethisch betrachtet lieben und durch alle Hüllen oder Karrikaturen hindurch an dem idealen Kern und Keim festhalten; an ihr, wie sie nun einmal ist, soll man ohne verdrossen zu werden arbeiten, ob sich vielleicht eine Minderheit ihrer Glieder umgestalten lässt — wahrlich, es gibt nichts Schwereres als dies! Somit kann auch von Ferne keine Relaxirung und Erleichterung der sittlichen Aufgabe darin erblickt werden, wenn man dieselbe in solcher Weise bestimmt.

Endlich haben wir bereits gezeigt, dass auch unsere, an empfangenes Wohl anknüpfende Triebfeder der Dankbarkeit so gut wie Eine das Moment der Pflicht und Schuldigkeit von Haus aus in sich trage und alle Verdienstlichkeit abweise. Ja, wir können sogar noch weiter gehen und hart bis an die stets wiederkehrenden Kant'schen Hauptformeln streifen. Bei dem absoluten Missverhältniss von Empfangenhaben und Leisten, mit welchem der Mensch seine Entwicklung beginnt, wird auch die Dankbarkeit zuerst ganz die Form „ehrfürchtiger Achtung" haben, welche, wenn man so will, gerade wie die Kant'sche vor dem Sittengesetz uns „beschämt und alle Einbildung niederschlägt." Sie wird sich aber im Laufe der Zeit mehr und mehr zu achtungsvoller Liebe emporschwingen können oder in der Verminderung jenes Missverhältnisses von Empfangenhaben und Zurückerstatten ein erhöhteres Gefühl der Koordination gegenüber der verpflichtenden Menschheit empfinden. Weil jedoch stets eine Disproportion des Einzelnen und Ganzen übrig bleibt, so wird das sittliche Streben nie völlig zur Abtragung seiner Schuld kommen oder mit der Ansammlung von Verdienst beginnen können. Das Modus-Bewusstsein aus dem Metaphysischen ins Ethische übersetzt ergibt andauernd die modestia der Liebe oder die Bescheidenheit des Theil-Glieds am Organismus des Ganzen. Man wird leicht bemerken, wie diese profan-ethischen Stationen in einiger innerlichen Analogie mit den entsprechenden Stufen stehen, welche eine tiefere Religionsphilosophie im successivgeschichtlichen Verhältniss des Menschen zu Gott ansetzt. Denn ich betonte ja immer, dass die philosophische Ethik desswegen nicht antitheologisch zu sein braucht, weil sie zunächst ihr eigenes Geschäft in reinlicher Profanität besorgt. Sie operirt geflissentlich immer mit dem Begriff der Menschheit. Allein was ist die Menschheit in letzter Instanz anderes, als eine Partikel des göttlichen Alllebens, in welchem wir leben, weben und sind? Was ist besonders die überpersönliche Potenz der Liebe, die in unserem Gewissen sich erweist, anderes, als das Leben des Göttlichen in. und mit uns? Was suchet ihr also den ewig Nahen in der Ferne und den innerlichst Präsenten draussen, als wäre er ein Ding unter Dingen?

Kant bemerkt wiederholt ganz zutreffend, dass der Philosoph in der Sittenlehre so pünktlich, ja wenn es auch hiesse peinlich verfahren müsse, als je der Geometer in seinem Geschäft; und dabei habe er durch die Abstraktheit seines Begriffmaterials mit grösseren Schwierigkeiten zu kämpfen, als dieser. In einem so delikaten Fall, als die Bestimmung sittlicher Prinzipien sei, habe auch die kleinste Missdeutung Verfälschung- der Gesinnungen zur Folge. Auch wir sind am Schlusse unserer kritisch-systematischen Untersuchung tief von diesem Gefühl durchdrungen und möchten für etwaige Fehlgriffe derselben gleichfalls die Entschuldigung in Anspruch nehmen, welche in jenen Worten liegt. Auf der andern Seite sagt aber Kant ein späteres Mal im Allgemeinen ebenso wahr: „Wenn man fragt, was denn eigentlich die reine Sittlichkeit ist, an der als dem Probemetall man jeder Handlung moralischen Gehalt prüfen müsse, so muss ich gestehen, dass nur Philosophen, die Entscheidung dieser Frage zweifelhaft machen können. Denn in der gemeinen Menschenvernunft ist sie zwar nicht durch abgezogene allgemeine Formeln, aber doch durch den gewöhnlichen Gebrauch gleichsam als der Unterschied zwischen der rechten und der linken Hand längst entschieden" IV, 280. Nun dürfte es jedoch keinen unmittelbareren und treueren Ausdruck dieser irrthumsfreien gemeinen Menschenvernunft geben, als ihn die Sprache zumal in konstanten Wortformen bietet, welche sich bei mehreren gegenseitig unabhängigen Völkern finden. Blicken wir in dieser Hinsicht nur auf die drei Sprachen Deutsch, Latein und Griechisch, so tritt uns in ihnen allen jene vielbeklagte Amphibolie des Wortes „gut" und seines Gegentheils entgegen. Am stärksten ist sie wohl aus inneren sachlichen Gründen bei den verhältnissmässig noch tiefnaturalistischen Griechen, wo ἀγαϑόν und κακόν völlig unpartheiisch das Gute und das Böse, wie das Gut und das Uebel bezeichnen. Höchstens markirt der Hellene, dem die Aesthetik das höchste Ideal ist, den ersteren Gegensatz im Unterschied vom zweiten durch einen ästhetischen Zusatz, wenn er das Gute mit καλοκἀγαϑόν und das Böse mit αἰσχρόν ausdrückt. Weit schärfer ist die Juristensprache des Latein. Zwar an bonum und malum haben wir dieselbe Zweideutigkeit; aber das stolze Volk des männlichen Ehrbegriffs besitzt daneben ganz unmissverständlich für den ersten ethischen Gegensatz auch das Begriffspaar honestum und pravum. Ebenso verleugnet das Deutsche seine philosophische Natur nicht. Es bleibt für die positiven Vorderglieder jener Paare bei dem gleichen Wortstamm „gut," weiss aber durch feine Artikulation zugleich den erforderlichen Unterschied zu bezeichnen, wenn es das Gute und das Gut sogar mit verschiedener Deklination bildet. Für das negative Gegentheil hat es wenigstens im Hochdeutschen zwei ursprünglich verschiedene Formen bös und übel, welche nur der Dialekt z. B. in der Wendung „ein böser Finger" durcheinanderbringt.

Diese eigenthümlichen sprachlichen Erscheinungen, welche sich auch auf das Gebiet der ästhetischen Werthtaxation erstrecken, geben nun offenbar den deutlichen

Hinweis, dass „die gemeine Menschenvernunft" von jeher die allerengste Verwandtschaft beider Begriffspaare erkannt hat, ohne im Lauf der feineren Entwickelung daneben ihren Unterschied zu übersehen. Also kann es ebensowenig richtig sein, den Begriff des Guts von dem des Guten ganz zu trennen, als ihn nur leicht und nachträglich anzuflicken. Selbst die Relation von Mittel und Zweck zwischen Beiden oder diejenige von Grund und Folge ist noch zu äusserlich und hält sie gegen das Gefühl der Sprachvernunft zu weit auseinander. Vielmehr muss das Moment des „Guts" oder Wohls von Anfang an in den Begriff des „Guten" selbst mit eigenthümlicher innerer Verhältnisssetzung aufgenommen werden. Genau dies haben wir gethan, indem wir das Gute als das selbstlose Trachten nach Herstellung von Gut definirten. Weit laxer ist die Verbindung des Bösen mit dem Uebel, sofern eigentlich nur in der satanischaussermenschlichen Form des Bösen das Uebel den letzten Zweck desselben bilden würde, während menschlicher Weise fremdes Wehe höchstens als rücksichtsloses Mittel für das selbstische Wohl vorkommt. Vielleicht hat das Deutsche desshalb in feinem Instinkt sogleich zwei getrennte Worte für das Böse und das Uebel formirt, während es bei „gut" aus Einem Stamm die beiden Modifikationen hervorgehen liess.

So wenig ein derartiger Erfahrungsbeweis aus der Sprache in ethischen Dingen entscheiden kann, so gerne acceptiren wir ihn als nebensächliche Bestätigung dafür, dass wir mit unserer Ehrenrettung des Wohlprinzips, oder also auch des Eudämonismus unter der Bedingung seiner gründlichen Losschälung vom Egoismus, keine jener unnatürlichen und verkünstelten „Rettungen" versucht haben, welche das Sprüchwort als Mohrenwäsche verurtheilt.

Sollte es uns demnach gelungen sein, die ethische Reinheit und Tadellosigkeit jenes praktischen Gedankens zu erhärten, so erhellt aus allem Bisherigen, wie werthvoll und wichtig der vielverkannte und von Amphibolien umstriktgewesene Begriff für eine lebenswahrere Gestaltung der Ethik ist. Dieser letztere Gesichtspunkt bildete im

Anschluss an meine Rede über „die Philosophie und das Leben" (Tübingen, Fues 1878) geradezu das Motiv meiner eingehenden kritischen Untersuchung. Unsere Zeit ist auf allen Gebieten durchaus realistisch gestimmt. Natürlich geräth sie dabei vielfach zunächst nur in das entgegengesetzte Extrem von demjenigen hinein, gegen was sie als Rückschlag Front macht. Und zwar hat diese Uebertreibung eben auch bei vielen Vertretern der gegenwärtigen Philosophie nachgerade bedenkliche Dimensionen angenommen, gegen welche man im Namen einer wahrhaft und massvoll besonnenen Wissenschaft aufs Ernstlichste opponiren muss. Trotzdem hielte ich es für einen lächerlichen Fehler, wollte man aus Opposition gegen jene zu weitgetriebene realistische Opposition und Reaktion wie ein vernunftlos schwingendes Pendel nur wieder auf den früheren mangelhaften Stand zurückkehren, statt in der richtigen Mitte einzustehen. Unbeirrt von jenen Ausschreitungen, deren umfassende Zurückweisung Aufgabe einer eigenen Arbeit wäre, gestehe ich vielmehr die wesentliche Wahrheit und Berechtigung des unverkennbaren und unabweislichen Realismus unserer Zeit auch meinerseits in vollkommener Ruhe zu. Ich räume ein, dass nicht minder die echte und besonnene Philosophie im Ganzen, und speziell das direkt praktische Fach der Sittenlehre die Fühlung mit dem wirklichen Leben ernstlich suchen muss. Sonst würde sie durch eigene Mitschuld ihren Kredit und unentbehrlichen Einfluss verscherzen oder ihr Amt an andere, weit minder befugte Mächte abgeben.

Auf theoretischmethodologischem Gebiet hat ein übertriebener Apriorismus und Konstruktionsgeist früherer Jahrzehnte in unseren Tagen bis zu der extremen und eventuell recht schiefen Gegenparole geführt, welche die „naturwissenschaftliche Methode" in quali et quanto für die überall und allein zulässige erklärt. Dem entspricht für unseren Zusammenhang ziemlich genau die andere Forderung, welche gleichfalls vor Kurzem erhoben wurde und eine Reform der Moral von der Naturwissenschaft aus verlangt. Jeder wirkliche Kenner der Ethik muss jedoch fürchten, dass auf diesem Weg höchst wahrscheinlich das misslichste Quidproquo von Sittenlehre entstehen würde; und desshalb gilt es, sich hiegegen noch weit ernstlicher, als gegen jenen methodologischen Naturalismus zu verwahren.

Die Proben wenigstens, welche allerdings von täppischen und völlig unzuständigen enfants terribles in dieser Richtung bereits vorliegen, lauten sehr wenig empfehlend. In dem Buche „Wissenschaft — nämlich Naturwissenschaft — und Sittenlehre, Gotha 1856" lesen wir unter Anderem Folgendes: „Wie es keine Unnatürlichkeit gibt, so gibt es auch keine Sünde auf Erden. Die Natur weiss von keinem Gegensatz und keiner Scheidewand zwischen gut und böse; und eine Sittenlehre, welche ihre Gesetze aus der Natur entwickelt und sich aufbaut auf dem einzig ewigsicheren Grund, kann dieses Nichtwissen nicht laut genug der Welt verkünden." In diesem Sinn wird dann des Weiteren mit wahrhaft cynischer Unverfrorenheit ausgeführt, wie das pure Darleben der unmittelbar gegebenen Natürlichkeit, z. B. auch der Diebs- oder Mördernaturanlage das einzig Normale und Sittliche sei, welches den betreffenden Menschen allein zu einem kraftvollen Charakter aus Einem Guss machen könne.

Wir sind weit entfernt, derartige rüde Expektorationen ohne Weiteres auf eine Linie mit jener Forderung nüchterner und ernster, naturwissenschaftlich hochverdienter Männer zu stellen. Aber jedenfalls geben alle solche Erscheinungen und Forderungen zu denken. Denn wenn ich gleich sogar die mildere und anständige Form jenes Postulats einer „Naturalisirung" der Ethik an sich selbst für falsch halten muss, so gestehe ich doch zu, dass es die bisherige philosophische Ethik an den Splitter im eigenen Auge erinnern kann und muss.

Allerdings habe ich hiebei im Guten und Schlimmen vornehmlich die deutsch-philosophische Ethik im Auge. Denn gegenüber von unserer philosophischen Modeströmung nehme ich mir vorläufig noch die Freiheit, nur in jener Ethik bis jetzt die wahre Tiefe und den eindringenden

Ernst echtethischer Grundprinzipien zu finden, ohne daneben für ihre Mängel blind zu sein. Dagegen scheint mir z. B. namentlich die englische Ethik den unleugbaren Vorzug ihrer grösseren Anschaulichkeit und Greifbarkeit, überhaupt ihre stärkere praktische Konkretheit ganz überwiegend mit dem schweren Mangel an einem tieferen und wahrhaft feinen Eindringen in die hochwichtigen und schwierigen Probleme zu erkaufen. Desshalb kann ich wahrlich nicht in einer brüsken Ersetzung der deutschen durch die englische Ethik das Richtige finden, sondern nur eine immerhin grössere Annäherung Beider für das Sachgemässe halten. Bei diesem Austausch würden sogar die Engländer sicherlich an Tiefe erheblich mehr gewinnen, als die Deutschen an Breite und Ebene, oder ohne Bild, an konkreter Fasslichkeit und Wirksamkeit. Ich bemerke dies mit besonderer Beziehung auf die Schrift von Giżycki über „die Ethik David Hume's in ihrer geschichtlichen Stellung nebst einem Anhang über die universelle Glückseligkeit als oberstes Moralprinzip, Breslau 1878." Leider ist mir das Buch erst bekannt geworden, als diese meine vorliegende Untersuchung bereits fertig abgeschlossen war, so dass mir nur noch in einer letzten nachträglichen Superrevision diese leichte Schlussbezugnahme auf dasselbe möglich ist. Sonst hätte ich aus dem „Anhang" Manches lernen und benützen können, der mit meiner eigenen Darlegung vielfach aufs Genaueste zusammentrifft. Er ist mir desshalb im Wesentlichen ebensosehr sympathisch, als mir die vorausgehende panegyrische Geschichtsdarstellung Hume's und seiner Landsleute in kontrastirender Vergleichung mit den Deutschen wirklich recht schief, widerspruchsvoll und bedenklich erscheint — ein Punkt, über den ich mich bei einer andern Gelegenheit mit dem Verfasser und seinen vielen Standpunktsgenossen hinsichtlich des historisch-systematischen Verhältnisses von englischer und deutscher Philosophie genauer auseinanderzusetzen gedenke.

Indem ich mich also aus den oben kurz genannten Gründen vornehmlich an die bisherige deutsch-philosophische Ethik halte, so leugne ich nicht, dass sie sich angesichts der heutigen naturalistisch-ethischen Gährung ernstlich fragen müsse, ob sie nicht vielfach und in ihren grössten Vertretern jene Reaktion ihrerseits durch allzugrosse Abstraktheit und übertrieben lebensferne Haltung mit hervorgerufen habe. Diess dürfte ganz besonders auch neben allen ihren bleibenden und grossen Vorzügen von der Ethik Kant's gelten. Denn eine wahrhaft historische und sachliche Objektivität muss ruhig einräumen, dass dieselbe mannigfach und nicht blos bei dem speziellen Gegenstand unserer jetzigen Untersuchung aus Gegendruck gegen die herrschende Flachheit und ethische Banalität ihrer Zeit oder ihrer Vorgänger die Fahne hochberechtigter Interessen allzuhoch gehalten und dadurch wiederholt um ein Ziemliches über das Ziel hinausgeschossen hat. So wie sie vorliegt, hängt ihr doch nicht blos der Schein eines abstrakten Formalismus und eines profanen Hypostasenthums an, sondern Kant selbst dürfte sich gerade aus tiefethischem Ernst in den Glauben hineingesteigert haben, dass ohne jenen beinahe transcendenten Charakter die volle Würde und Reinheit des Sittlichen nicht gewahrt werden könne. Allein dadurch bringt sich das vortreffliche Werk zumal in unserer Zeit um seine noch immer höchst wünschenswerthe Wirkung und Geltung.

Im vorliegenden Aufsatz habe ich mich daher zunächst bemüht, denjenigen Punkt jener Moral beleuchtend zu verbessern, welcher vielleicht von jeher mit mehr oder weniger klarem Bewusstsein des eigentlichen Sachverhalts auf speziell ethischem Gebiet am meisten Anstoss und Widerspruch erregte. Es war der negative Formalismus, in welchen sich Kant's so rühmliche Bekämpfung des Egoismus verlor, weil er dem positiven Prinzip der Liebe keine genügende Reinheit zutraute. Bei dieser kritischen Beleuchtung ergab sich reichlich Gelegenheit, auch andere moralische Grundbegriffe desselben Philosophen mit in Betracht zu ziehen, bei welchen sich ohne oder in wechselwirkendem Zusammenhang mit unserer Hauptfrage gleichfalls mannigfach eine Ueberspannung des Richtigen offenbarte.

Meist musste ich mich dabei für diessmal mit einer leichten Hindeutung auf den bleibend wahren Kern, oder mit der kurz reservirenden Betonung des tiefberechtigten Interesses begnügen, aus dessen Ueberspannung sich Kant's Missgriffe genetisch nachweisen liessen, um von uns möglichst beseitigt zu werden. Für ein anderes Mal aber behalte ich mir eine nicht minder zeitgemässe Aufgabe vor, welche der ersten scheinbar, aber auch nur scheinbar entgegengesetzt ist. Immer massloser und gesteigerter tritt die empiristisch-moralistische Missachtung dieser „schwindelhaften Gespinnste und spekulativ-rationalistischen Luftgebilde" auf, wie man namentlich von Kant's Ethik zu sagen beliebt. Hiegegen ist es dringend nothwendig, energischen Protest einzulegen. Desshalb wird es sich fürs Zweite darum handeln, den Hauptaccent späterhin zur Abwechselung eben auf die tiefe und bleibende Wahrheit jener Kerngedanken zu legen und die darüber gewachsene Schaalenbildung dann mehr nur gelegentlich und nebensächlich anzudeuten. Ruhigprüfende Nachweisung und Beseitigung des Verfehlten vereinigt sich auf diese Weise widerspruchsfrei mit warmkonservirendem Behalten des weitüberwiegenden Guten und Wahren bei Kant. Diess wäre eine besonnen sachgemässe, ebenso geistesfreie als pietätsvolle Kritik, wie sie sich vor Allem dem grossen Königsberger Kritiker und Weisen gegenüber ziemt. Ganz ähnlich hat es seinerzeit schon der edle Kantianer Schiller in seinen trefflichen Modifikationsversuchen der Ethik seines philosophischen Meisters gehalten und die entsprechenden metakritischen Grundsätze wiederholt ausgesprochen.

Für unseren diessmaligen Zusammenhang habe ich nur noch Weniges beizufügen. Wenn wohl Niemand dem rehabilitirten, in Wahrheit freilich uralten Wohlprinzip der selbstlosen Liebe die weit grössere Lebensnähe überhaupt abstreiten wird, so bietet dasselbe mit seiner alsbald materialen Fassung des Guten für eine erspriessliche Konstruktion der philosophischen Ethik noch einen speziellen Vortheil. Man pflegt in ihrer bisherigen deutsch-philosophischen Behandlung zwei Hauptrichtungen zu unterscheiden, welche allerdings je für sich allein an entgegengesetzten Einseitigkeiten leiden.

Das Grosse an Kant's Moral, was ich als κτῆμα εἰς ἀεί festgehalten wissen möchte, ist ausser manchem Andern vor Allem seine prinzipielle Stellungnahme im Innern der Gesinnung: „Es ist überall nichts in der Welt, ja überhaupt auch ausserhalb derselben zu denken möglich, was ohne Einschränkung für gut könnte gehalten werden, als allein ein guter Wille" IV, 10. Unbeschadet einer etwaigen psychologischen Modifikation, welche statt des „Willens" lieber „Gesinnung" setzte, sollte dieser Eingangssatz der „Grundlegung zur Metaphysik der Sitten" das Motto einer jeden Ethik bilden, welche ihre Aufgabe im Centrum erfasst. Aber freilich wird Kant durch sein übertreibendes Missverständniss abgehalten, die richtige und lebenswahre, weil material gefasste Gesinnung einzusetzen, um sie als klaren und wahren Begriff des Guten zum dominirenden und weittragenden Mittelpunkt zu machen. Dadurch geschieht es, dass die Gestaltungsseite des Sittlichen bei ihm ganz entschieden zu kurz kommt, indem sie keinen so recht inneren Zusammenhang mit dem formalen Prinzip der Gesinnung hat.

Umgekehrt und im Gegendruck gegen Kant ist Schleiermacher als markirtester Vertreter der materialen Richtung eben auf diesem Gebiet der umfassendsten und reichsten Gestaltung gross. Allein es fehlt ihm dafür unverkennbar der Blick oder vielmehr das lebendige Interesse für die primäre Frage der Gesinnung, ein Tadel, welcher selbstverständlich nur seine Theorie, und von Ferne nicht die charaktervoll-ethische Persönlichkeit des Mannes trifft. Aus jenem Grund erklärt sich die merkwürdige Erscheinung, dass eine Reihe der unleugbar wichtigsten sittlichen Probleme von seiner philosophischen Ethik gar nicht berührt oder leichthin als nicht hergehörig abgewiesen werden. Sein berühmtes Werk ist desshalb gar keine eigentliche Ethik oder wenigstens nur deren zweite Hälfte. Man bezeichnet sie darum besser als eine Philosophie der Kultur, welche in ihrer Art freilich sehr werthvoll ist und von jedem Ethiker nach Abmachung der Grundprobleme allerdings trefflich als Leitfaden oder reiche Fundgrube verwerthet werden kann. Wenn jedoch dieser Sachverhalt übersehen und jene zweite Hälfte einer wirklichen Ethik für das Ganze ausgegeben wird, so hat dies unter Umständen das Bedenkliche, dass die Leser, bestochen von dem bunten Farbenreichthum der sekundären Gestaltungsfragen, sich den Blick für den eigentlichen Ort und letzten Massstab des Sittlichen trüben lassen. Es kann zuletzt der Wahn nicht ausbleiben, vor dem Kant einmal so treffend warnt, als ob Kultivirt- und Civilisirtsein soviel hiesse, als Sittlichgutsein. Die bekannte Irrung einer hochgesteigerten Bildung wird drohen, dass man mit den opera operata sozialer oder politischer Geschichtsgestaltungen rein als solchen es schon „so herrlich weit gebracht" habe und nichts Wichtigeres mehr zu thun übrig behalte.

Mit Einem Wort: Kant lehrt uns, indem wir jetzt von seinen Mängeln auch auf diesem Gebiete gerne absehen können, als werthvollste Hauptsache den beherrschenden sittlichen Geist der Ethik, jedoch ohne harmonisch dazugehörigen Leib; Schleiermacher und seine Richtung dagegen geben den reichgegliederten, feinartikulirten ethischen Leib oder wenigstens die Anleitung zu seiner wirklich umfassenden Konstruktion, aber ohne dass sie auch den wahrhaft dominirenden Geist der entsprechenden Gesinnung hinzufügten.

Fassen wir dagegen das Gute in unserer Weise, so erhalten wir sozusagen den Brückenbegriff, um aus der blosen Gesinnung als dem zweifellos Primären doch auch heraus zu kommen und in zweiter Linie zur Welt der Objekte und Thatgestaltungen zu gelangen. Die Liebe als selbstloses Wohl-Wollen weist mit Nothwendigkeit darauf hin und fügt zu den Kategorien der Gesinnungsseite, Pflicht und Tugend, welche mit Recht vorangehen und einander korrelat sind, auch noch die dritte ethisch übliche Kategorie des Guts für das Gebiet der Gestaltung. Ohne jeglichen Eklektizismus werden wir also das unleugbar Wahre der beiden grossen deutschen Hauptrichtungen in der Ethik kombiniren können, oder Gesinnung und Gestaltung zu einem „σύνολον von Form und Stoff" vereinigen. Denn ich bin allerdings gleichfalls der Ansicht, welche gegnerischer Seits so energisch, aber meist wenig konsequent betont wird, dass in der Philosophie überhaupt und speziell in der Ethik eine grössere Kontinuität des konservativen Weiterbauens auf den vorhandenen Grundlagen und zwar namentlich auch der eigenen nationalen Vergangenheit, sehr zu wünschen wäre. Alsdann werden wir in früherer oder späterer Zukunft eine allseitiger befriedigende philosophische Ethik erhalten, als wir sie bis jetzt haben. Denn ich nehme keinen Anstand zu bekennen, dass uns die Theologen mit ihren Sittenlehren hierhin um ein Beträchtliches voraus sind, indem sie von den Grundanschauungen des Christenthums in verschiedener Hinsicht die Mitgift wahrhaft ethischer Begriffe von Haus aus geerbt haben. Diess offene Bekenntniss sowie manche einzelne Bemerkung in der vorliegenden Arbeit athmet allerdings nichts weniger, als die bis vor Kurzem übliche Feindschaft und Gehässigkeit gegen alles Theologische oder Religiöse, welche in gewissen Kreisen nachgerade für unerlässliche wissenschaftliche Pflicht galt. Indessen habe ich dabei den Verdacht schnöder Akkommodation an die so sehr veränderte Windrichtung neuesten Datums nicht zu befürchten. Denn mitten in der Blüthezeit des heftigsten sogenannten „Kulturkampfs," womit ich nie die hochberechtigte Nothwehr des Staats, sondern nur den widrigen Sukkurs Unberufener meine, musste ich mich gar oft ob ähnlicher „theologischer Angehauchtheit" von dem damals modischen und obenanstehenden Pseudoliberalismus bespötteln lassen. Unbekümmert um derartige Aprilwetterlaunen des Tages geht die wahrhafte Besonnenheit und der autonome Charakter fest und ruhig seinen Weg. Wer schon in der hiefür ungünstigsten Saison jene häufig recht sachwidrigen und masslosen Antipathien offen zu den vielen idola fori et theatri unserer überstürzungsreichen Zeit rechnete, der weiss sich auch heute über den Verdacht erhaben, als wollte er nun umgekehrt von der Reaktion profitiren und das Aussprechen solcher Ansichten erst unter deren so zweifelhafter Aegide wagen. Neben dieser, hienach unentwegten Einräumung des bisherigen entschiedenen Vorzugs betone ich auf der andern Seite ebenso ruhig die spezifischen Mängel, welche jede theologische Behandlung der Ethik mit sich führt, indem sie doch eigentlich keine echte und gerechte Selbstständigkeit derselben neben der dominirenden Dogmatik herausbringt. Aber auch davon abgesehen ist das gute Recht der philosophischen Ethik als solcher ausser allem Zweifel, und dieselbe namentlich für unsere dogmatisch so zerfahrene Zeit als neutralerer Boden ein dringendes Bedürfniss. Nur darf dieselbe ihre vollberechtigte profane Eigenartigkeit nicht am falschen Orte suchen, indem sie von gewissen, ethisch ganz unerlässlichen Begriffen und Problemen oder deren Lösung einfach desshalb willkührlich abgeht, weil sie sich zufällig auch schon in der christlich-theologischen Moral finden. Das wäre eine Originalitätssucht, welche die Philosophie weder nöthig hat, noch als lautere und unbefangene Wahrheitsliebe hegen darf. Aber es ist recht wohl möglich, dass etwas Derartiges in der That bei manchen unnöthigen Abstraktionen und künstlichen Ausweichungen unserer Disciplin im Hintergrund mitgewirkt hat.

Ich schliesse absichtlich mit dieser Bemerkung, weil sie mir namentlich auch bei dem selbstlosen Wohlprinzip oder der Liebe zuzutreffen scheint.